Dan Olweus

Gewalt in der Schule

Was Lehrer und Eltern wissen sollten – und tun können

Zweite, korrigierte Auflage

Verlag Hans Huber
Bern · Göttingen · Toronto · Seattle

Die deutsche Erstausgabe dieses Buches erschien 1994 – im Auftrag der Ministerien für Frauen, Bildung, Weiterbildung und Sport des Landes Schleswig-Holstein – aufgrund einer speziellen Vereinbarung mit dem Autor in einer begrenzten Auflage. Das Buch wurde für den Einsatz in diesem Bundesland übersetzt und deutschen Verhältnissen angepaßt. Der Verlag dankt dem Ministerium für die Überlassung des Übersetzungstextes.
Übersetzung und Redaktion: Inken Völpel-Krohn und Wolfgang Arnhold

Umschlagbild: Ausschnitt aus Pieter Breugel d. Ältere, *Kinderspiele* (1560, Öl auf Holz, 118 cm × 161 cm). Reproduktion mit Erlaubnis des Kunsthistorischen Museums Wien.
Die Schwarzweiß-Fotos im Innern des Buches stammen von Sally und Richard Greenhill.

Adresse des Autors:
Prof. Dr. Dan Olweus
Department of Psychosocial Science
Division of Personality Psychology
Oisteinsgate 3
N-5007 Bergen (Norwegen)

Die Deutsche Bibliothek – CIP-Einheitsaufnahme

Olweus, Dan:
Gewalt in der Schule : was Lehrer und Eltern wissen sollten – und tun können / Dan Olweus. [Übers. und Red.: Inken Völpel-Krohn und Wolfgang Arnhold]. – 2., korrigierte Aufl. – Bern ; Göttingen ; Toronto ; Seattle : Huber, 1996
(Aus dem Programm Huber: Psychologie-Sachbuch)
ISBN 3-456-82786-5

Nachdruck 1997 der 2., korrigierten Auflage 1996

Satz: Satzspiegel, Göttingen
Druck: Druckhaus Beltz, Hemsbach
Printed in Germany

Inhalt

Teil II
Was wir gegen Gewalt tun können

Teil III
Auswirkungen des Interventionsprogramms

Teil IV
Weitere praktische Ratschläge und ein Kernprogramm

Vorwort

Mobbing ist weder ein neues Problem, noch beschränkt es sich auf Skandinavien. Trotzdem ist vergleichsweise wenig über seine Verbreitung bekannt – ob es zunimmt oder abnimmt, ob es häufiger in städtischen als in ländlichen Gegenden vorkommt, in großen im Gegensatz zu kleinen Schulen, unter Jungen häufiger als unter Mädchen, ob mögliche Täter und Opfer identifiziert werden können und – vor allem – ob etwas dagegen unternommen werden kann. Alle diese Fragen – und viele andere mehr – werden in diesem Buch von Professor Olweus angegangen.

Der Autor stellt ausführlich die Erhebungen und das Interventionsprogramm vor, die er während des letzten Jahrzehnts als Teil einer landesweiten Kampagne durchgeführt hat. Die großen Schülerzahlen, die in seine Stichprobe einbezogen wurden (fast ein Viertel in der relevanten Altersgruppe in Norwegen), liefern eine substantielle Grundlage, um Schlußfolgerungen über die Natur und das Vorkommen von Gewalt ziehen und Empfehlungen für ihre Verbesserung geben zu können. Die umfangreichen Daten untermauern einige der überlieferten Erkenntnisse, zerstören aber auch viele, lange Zeit aufrechterhaltene Mythen und Annahmen über Täter und Opfer. Darüber hinaus ermöglichen sie dem Autor, eine Anleitung zu geben für die Erkennung von Verhaltensmustern oder anderen Merkmalen, die eine Identifizierung möglicher Täter und Opfer erlaubt.

Das Kernstück des Buches von Dan Olweus ist die Darlegung des Interventionsprogramms – «Was wir gegen Gewalt tun können». Die Ziele des Programms waren

- sowohl unmittelbare (offene körperliche oder verbale Attacken) als auch mittelbare Gewalt (soziale Isolierung, Untergraben des Selbstvertrauens) zu vermindern (oder verhindern)
- bessere Beziehungen zwischen Gleichaltrigen in der Schule herzustellen
- Bedingungen zu schaffen, die Opfern wie Gewalttätern ein besseres Zurechtkommen innerhalb und außerhalb der schulischen Umgebung ermöglichen.

Die Ergebnisse dieses Interventionsprogramms bilden nicht nur eine faszinierende Lektüre, sondern liefern auch wertvolle Handlungsvorschläge und den Beweis ermutigender Resultate.

Die präventiven Maßnahmen, die Olweus beschreibt, funktionieren auf verschiedenen Ebenen – der Schule, der Klasse, einzelner Gewalttäter und -opfer und der Eltern. Viele der vorgeschlagenen Strategien beziehen sich auf Untersuchungen über Wirkungsgrad und Verbesserungen in der Schule. Betont werden die Wichtigkeit eines gemeinsamen Schulethos, die Abstimmung der Methoden, vereinbarte Richtlinien, ein langfristiger Aktionsplan sowie die Mitarbeit der Eltern.

Die Resultate sind sehr ermutigend. Die Intervention führte zu deutlichen Rückgängen sowohl der unmittelbaren als auch der mittelbaren Gewaltausübung. Allein diese Tatsache muß begrüßt werden. Ebenfalls wichtig ist aber auch die Erkenntnis, daß das Programm Kinder nicht nur in der Schule beschützte, sondern auch verhinderte, daß gesellschaftsfeindliche Aktivitäten auf Orte außerhalb des Schulgeländes verlagert wurden. Es brachte auch einen Nutzen für die Eltern, deren früher gewalttätige Kinder nun seltener durch unsoziales Verhalten auffielen, die Lehrer begrüßten das deutlich verbesserte Schulklima. Die empirischen Erkenntnisse dieser äußerst sorgfältigen Arbeit, zusammen mit den Folgerungen für die Praxis, die im Schlußkapitel gezogen werden, liefern wertvolle Anregungen für jene, die versuchen, die Verbreitung von Gewalt zu vermindern oder mit ihren Folgen zurechtzukommen.

Professor Olweus hat sich während vieler Jahre in eingehenden Längsschnittuntersuchungen mit Mobben in Skandinavien befaßt. Dieses Buch stellt eine vortreffliche Gelegenheit dar, an den Früchten seiner akribischen wissenschaftlichen Tätigkeit teilzuhaben. Wie er in seinen zusammenfassenden Worten deutlich macht, sind wir jetzt im Besitz des Wissens – nötig ist der Wille, einem Zustand entgegenzuwirken, der so viel Leid und Elend (und sogar, in Extremfällen, Suizid) für zu viele junge Menschen bedeutet. Um ihretwillen verdient dieses Buch, von vielen gelesen zu werden.

Professor Peter Mortimore
Institute of Education, University of London

Anmerkung der Redaktion zum Gewaltbegriff

In der deutschen Fassung des Handbuches und der Fragebögen verwenden wir für das Substantiv BULLY GEWALTtäter, für das Verb BULLY das deutsche Verb MOBBEN. Gemeinsam haben wir, der Verfasser Dan Olweus, der klinische Psychologe Roman Ferstl, die Übersetzerin Inken Völpel-Krohn und Wolfgang Arnhold (als Vertreter des Ministeriums für Frauen, Bildung, Weiterbildung und Sport des Landes Schleswig-Holstein für dieses Projekt) das sprachliche Umfeld des GEWALTbegriffes sorgfältig untersucht.

Die Eindeutschung des englischen Verbs BULLY, das wir wegen seiner eindeutigen Konnotation gern übernommen hätten, scheitert an seiner in der deutschen Grammatik unmöglichen Endung auf -y; wir suchten deshalb nach einem Verb, das wie ‚managen' mit der deutschen Verbindung auf -en gebildet werden kann. Da MOBBING im Englischen und Skandinavischen Gewalt und Belästigung am ARBEITSPLATZ bedeutet und in dieser beschränkten Bedeutung auch schon Eingang ins Deutsche gefunden hat, führen wir für Gewalttätigkeit in der Schule als dem Arbeitsplatz der Schülerinnen und Schüler hier den Begriff MOBBEN ein. Die ursprüngliche plurale Bedeutung von lat. MOB hat bereits im anglo-amerikanischen Sprachgebrauch dem singularen Gebrauch Platz gemacht, so daß wir auch im Deutschen die Gewalttätigkeit eines EINZELNEN mit MOBBEN bezeichnen können.

Anmerkung des Verlags betreffend Mobbing-Fragebogen

Es ist vorgesehen, den an verschiedenen Stellen des Buches erwähnten Fragebogen im Herbst 1996, zusammen mit einer Handanweisung und ersten Daten aus skandinavischen, englischen und deutschen Untersuchungen, separat zu publizieren. Die Auslieferung wird über die Testzentrale (Robert-Bosch-Breite 25, D-37079 Göttingen, oder Länggass-Str. 76, CH-3000 Bern 9) erfolgen.

Danksagungen

Mein Buch *Mobbning – vad vi vet och vat vi kan göra,* das 1986 in Schweden veröffentlicht wurde (Stockholm: Liber Verlag), bildet die Grundlage für die Teile I und II des vorliegenden Buches. Es sind aber verschiedene Zusätze und einige kleinere Änderungen des schwedischen Textes gemacht worden. Die Teile III und IV wurden eigens für dieses Buch geschrieben.

Wie in *Mobbning – vad vi vet och vat vi kan göra* erläutert ist, beruht der schwedische Text zum Teil auf dem in Olweus, D., & Roland, E., *Mobbning – bakgrunn ok tiltak* (Kirchen- und Unterrichtsministerium, Oslo, 1983) veröffentlichten Bericht. Die Änderungen und Zusätze wurden mit Bezug auf den Bericht von Olweus & Roland gemacht und sind ausführlich auf Seite 7 in dem schwedischen Buch (Olweus, 1986) ausgeführt.

Ich möchte Aase Meyer, Bente Haktorsen, Turid Pedersen und Thelma Kraft danken, die, in verschiedenen Stadien, das Manuskript mehrmals geschrieben haben. Ich danke auch Françoise D. Alsaker, Ph. D., die bei der Durchführung einiger statistischer Analysen mitgearbeitet hat, die den in Teil III vorgestellten Ergebnissen zugrunde liegen. Sie wie auch Barry Schneider, Ph. D., haben zu bestimmten Teilen des Manuskripts wertvolle Kommentare gegeben.

Das Verfassen dieses Buches wurde sehr erleichtert durch eine Unterstützung der William T. Grant Foundation, New York, für die ich sehr dankbar bin.

Ich stehe auch in der Schuld der Psychologischen Fakultät an der Universität Bergen, die mich von mehreren regelmäßigen Lehrverpflichtungen über einen längeren Zeitraum freigestellt hat. Außerdem schulde ich dem Norwegischen Erziehungsministerium, dem Norwegischen Rat für Sozialforschung (NAVF-RSF) und der Schwedischen Delegation für Sozialforschung (DSF) Dank in den verschiedenen Phasen, die alle die Forschungsarbeit, über die in diesem Buch berichtet wird, finanziell unterstützt haben.

Verschiedene der hier vorgetragenen Ideen entstanden, während ich Universitätslehrer (Fellow) am Center for Advanced Study in the Behavioral Sciences (Verhaltenswissenschaften), Stanford, USA, war.

Zu Dank verpflichtet bin ich auch der Universität Bergen, der Spencer Foundation, dem Norwegischen Council für Sozialforschung und dem Center for Advanced Study in the Behavioral Sciences für ihre finanzielle Unterstützung während meines einjährigen Aufenthaltes an dieser Institution.

Schließlich möchte ich meiner Frau Kyllikki herzlich danken, die mir großzügig ihre Zeit schenkte.

Bergen, im September 1994
Dan Olweus

Einleitung

Was wir wissen und was wir tun können

Gewalt unter Schulkindern ist zweifellos ein sehr altes Phänomen. Die Tatsache, daß einige Kinder häufig und systematisch von anderen Kindern gemobbt und angegriffen werden, wurde in Werken der Literatur beschrieben, und viele Erwachsene haben selbst Erfahrung aus ihrer eigenen Schulzeit. Obwohl viele mit dem Problem «Gewalttäter/Gewaltopfer» vertraut sind, wurden doch erst in jüngerer Zeit – in den frühen 1970er Jahren – systematische Untersuchungen durchgeführt (Olweus, 1973 a, 1978). Bisher beschränken sich diese Untersuchungen fast ausschließlich auf Skandinavien. In den ausgehenden 1980er und frühen 1990er Jahren zog Gewalt unter Schulkindern ein gewisses Interesse der Öffentlichkeit und der Forschung auf sich, auch in anderen Ländern wie Japan, England, Holland, Kanada, USA und Australien.

Eine historische Kurzskizze

Ein starkes gesellschaftliches Interesse weckte das Problem Gewalttäter/Gewaltopfer als erstes in Schweden in den ausgehenden 1960er und frühen 1970er Jahren (Heinemann, 1972; Olweus, 1973 a) und erreichte sehr bald die anderen skandinavischen Länder. In Norwegen war das Problem Gewalttäter/Gewaltopfer jahrelang Gegenstand allgemeiner Besorgnis in den Massenmedien und unter Lehrkräften und Eltern, aber die Schulbehörden setzten sich nicht von Amts wegen mit dieser Erscheinung auseinander. Vor einigen Jahren fand ein deutlicher Wandel in der Auffassung statt. Ende 1982 berichtete eine Zeitung, daß drei 10- bis 14jährige Jugendliche aus Nordnorwegen Selbstmord begangen hatten, sehr wahrscheinlich als Folge schwerer Gewalttätigkeit durch Gleichaltrige. Dieses Ereignis löste große Verunsicherung und Spannungen in den Massenmedien und in der allgemeinen Öffentlichkeit aus. Es setzte eine Kettenreaktion in Gang, die zu einer landesweiten Kampagne gegen das Gewaltproblem in norwegischen Schulen (Klassen 1–9) führte, die vom Erziehungsministerium im Herbst 1983 gestartet wurde.

Abriß des Buches

Diese kurze Einführung mag den allgemeinen Hintergrund für die folgende Darstellung beleuchten. Das Buch ist in vier Teile gegliedert.

- *Teil I* gibt einen Überblick über die bekannten Fakten des Problems Gewalttäter/Gewaltopfer unter Schulkindern. Die Darstellung beansprucht nicht, ein allumfassendes Bild zu geben. Ich werde mich im wesentlichen darauf beschränken, die Ergebnisse von vier meiner eigenen Forschungsprojekte vorzustellen (weitere Überblicke aus der jüngeren Zeit finden Sie z. B. bei Farrington, 1975; Skinner, 1992; Besag, 1989; Elliott, 1991; Smith & Thompson, 1991). Ein Teil ist ein Längsschnitt- oder Follow-up-Projekt mit etwa 900 Jungen aus dem Großraum Stockholm, Schweden. Dieses Forschungsprojekt wurde in den frühen 1970er Jahren begonnen und dauert noch an. Außerdem werde ich ausführlich über drei großangelegte Erhebungen berichten, die ich im Zusammenhang mit der Kampagne gegen das Problem Gewalttäter/Gewaltopfer durchgeführt habe.
- *Teil II* ist eine ausführliche Darstellung des Interventionsprogramms, das ich im Zusammenhang mit der Kampagne mitentwickelt habe. Es liefert Ergebnisse darüber, wie auf Gewalttäter-/Gewaltopfer-Probleme pädagogisch reagiert und wie ihnen in der Schule, in der Klasse und im Kontakt mit einzelnen Schülern und Schülerinnen entgegengewirkt werden kann.
- *Teil III* des Buches gibt eine kurze Zusammenfassung der sehr positiven Auswirkungen des Interventionsprogramms, das über einen Zeitraum von zwei Jahren in 42 Schulen der Stadt Bergen, Norwegen, durchgeführt und ausgewertet wurde. Einige der Grundsätze, die die Entwicklung des Interventionsprogramms bestimmt haben, werden ausführlich dargestellt.
- *Teil IV* gibt weitere praktische Ratschläge zur Durchführung des Programms in bestimmten Schularten. Und, was noch wichtiger ist, es spezifiziert eine Reihe möglicher «Kernelemente» des Programms, das heißt eine Reihe von Maßnahmen, die bei jeder Durchführung des Programms als besonders wichtig erachtet werden.

Das Buch enthält außerdem einen Leitfaden zur Identifizierung von potentiellen Gewaltopfern und Gewalttätern und -täterinnen. Der Leitfaden spezifiziert eine Reihe von «Anzeichen» oder «Symptomen», die Lehrkräften und Eltern helfen können, jene Kinder herauszufinden, die Opfer von Gewalttätigkeit geworden sind oder die selbst anderen Schülern und Schülerinnen gegenüber Gewalt anwenden.

Am besten beginnen Leser dort, wo die Bedeutung des Wortes Gewalt erörtert wird. Zur Illustration werden zunächst ausgewählte Presseberichte vorgestellt.

Teil I
Was wir über Gewalt wissen

Presseberichte (etwas abgeändert)

Zwei Jahre lang war Johnny, ein stiller 13jähriger, für einige seiner Klassenkameraden ein menschliches Spielzeug. Die Teenager setzten Johnny zu, um an sein Geld zu kommen, sie zwangen ihn, Unkraut zu schlucken und Milch, die mit Waschmittel vermengt war, zu trinken. Sie verprügelten ihn in den Toiletten und legten ihm einen Strick um den Hals, mit dem sie ihn wie ein «Tier an der Leine» herumführten.

*

In Weston-super-Mare, Avon, in England wurde die 10jährige Sarah immer wieder von zwei aufsässigen Mädchen verhöhnt, weil sie bei der Störung des Unterrichts nicht mitmachte. Sie beschimpften sie, bedrohten sie mit den Fäusten und brachten andere dazu, dafür zu sorgen, daß sie vom Rest der Klasse ausgeschlossen wurde. «Ich ging früher gern zur Schule», sagte eine bestürzte Sarah, «aber jetzt hasse ich es.»

*

Die zwölfjährige Linda soll von ihren Klassenkameraden drangsaliert worden sein, weil sie «zu fein» war. Linda hatte sich mit einem anderen Mädchen in der Klasse angefreundet; sie waren viel zusammen. Die erklärte Anführerin der kleinen gewalttätigen Gruppe versuchte, diese Freundschaft zu zerstören; das gelang ihr schließlich, so daß Linda völlig isoliert zurückblieb. Später überredete ein anderes Mädchen in der gewalttätigen Gruppe Linda, eine Party in ihrem Haus zu geben, und sorgte dann dafür, daß niemand hinging. Lindas Selbstvertrauen war gänzlich erschüttert.

*

Der Schüler Philip C. wurde durch Gewalt auf dem Schulhof in den Tod getrieben. Er erhängte sich, nachdem er von drei Klassenkameraden ständig bedroht, umhergestoßen und gedemütigt worden war. Schließlich, als dem scheuen 16jährigen die Unterlagen zur Vorbereitung einer Prüfung einige Tage, bevor er diese wichtige Prüfung ablegen mußte, gestohlen wurden, konnte er das nicht mehr ertragen. Philip hatte Angst, seinen Eltern davon zu erzählen, und wählte den Tod. Als er von der Schule nach Hause kam, hängte er sich mit einem Strick an seiner Schlafzimmertür auf.

Was bedeutet Gewalttätigkeit?

Das Wort, das in Skandinavien für Gewalttätigkeit oder Probleme von Gewalttätern/Gewaltopfern verwendet wird, heißt «mobbing» (Norwegen, Dänemark) oder «mobbning» (Schweden, Finnland). Das Wort wird in verschiedenen Bedeutungen und Konnotationen verwendet. Das ursprünglich englische Wort hat den Stamm «mob» und beinhaltet, daß es sich gewöhnlich um eine große und anonyme Gruppe von Leuten handelt, die an der Drangsalierung beteiligt sind (Heinemann, 1972; Olweus, 1973 a). Aber der Begriff wurde auch häufig gebraucht, wenn jemand an einem anderen herummäkelt, ihn drangsaliert oder belästigt. Auch wenn dieser Gebrauch aus linguistischen Gründen nicht ganz passend ist, glaube ich doch, daß es wichtig ist, in den Bedeutungsumfang von «mobbing» oder Gewaltanwendung beide Situationen aufzunehmen: die, in denen ein einzelner einen anderen quält, und die, in der eine Gruppe die Quälerei gemeinschaftlich begeht. Aus den Daten meiner großangelegten Erhebung in Bergen, Norwegen, geht hervor, daß wesentliche Anteile (etwa 35–40%) der Gewaltopfer unter den Schulkindern hauptsächlich durch einen einzelnen Schüler oder eine einzelne Schülerin drangsaliert worden waren. Deshalb bietet es sich an, die Anwendung von Gewalt durch einzelne Schüler oder Schülerinnen und durch eine Gruppe als eng verwandte Phänomene zu betrachten – selbst wenn ein gewisser Unterschied zwischen beiden bestehen mag. Vor allem kann man mit Recht annehmen, daß Gewalttätigkeit von mehreren Gleichaltrigen unangenehmer ist und wahrscheinlich dem Gewaltopfer mehr schadet.

Ich definiere *Gewalttätigkeit* oder *Mobben* allgemein wie folgt: *Ein Schüler oder eine Schülerin ist Gewalt ausgesetzt oder wird gemobbt, wenn er oder sie wiederholt und über eine längere Zeit den negativen Handlungen eines oder mehrerer anderer Schüler oder Schülerinnen ausgesetzt ist* (Olweus, 1986, 1991).

Die Bedeutung des Ausdrucks «negative Handlungen» muß ebenfalls weiter spezifiziert werden. Es liegt eine negative Handlung vor, wenn jemand absichtlich einem anderen Verletzungen oder Unannehmlichkeiten zufügt – im Grunde genommen das, was die Definition von aggressivem Verhalten (Olweus, 1973 b) umfaßt. Negative Handlungen können mit *Worten* (verbal) begangen werden, zum Beispiel durch Drohen, Spotten, Hänseln und Beschimpfen. Eine negative Handlung besteht auch, wenn jemand einen anderen durch *Körperkontakt* schlägt, tritt, stößt, kneift oder festhält. Es ist auch möglich, eine negative Handlung *ohne* den Gebrauch von Worten oder Körperkontakt zu begehen, zum Beispiel durch Fratzenschneiden oder schmutzige Gesten oder indem man jemanden von einer Gruppe ausschließt oder sich weigert, den Wünschen eines anderen entgegenzukommen. Selbst wenn ein einziges Tatbestandsmerkmal bei ernsthaftem Mobben unter bestimmten Umständen als Gewalttätigkeit betrachtet werden kann, betont die oben gegebene Definition für das Vorliegen einer negativen Handlung den Aspekt, daß sie «wiederholt und über eine längere Zeit» ausgeübt wird. Die Absicht dabei ist, gelegentliche, nicht ernsthafte negative Handlungen auszuschließen, die einmal gegen das eine Schulkind und einmal gegen ein anderes bei verschiedenen Gelegenheiten ausgeübt werden.

Gewalt kann durch einen einzelnen verübt werden – den Gewalttäter oder die Gewalttäterin – oder durch eine Gruppe. Das Ziel der Gewalttätigkeit kann ebenfalls ein einzelner sein – das Opfer – oder eine Gruppe. Im Zusammenhang mit der Gewalt in der Schule ist das Ziel gewöhnlich ein einzelnes Schulkind. Daten aus meiner Bergener Erhebung zeigen, daß in der Mehrheit der Fälle das Opfer von einer Gruppe von zwei oder drei Schülern oder Schülerinnen gemobbt wird.

Es ist zu betonen, daß der Begriff Gewalt nicht gebraucht wird, wenn zwei Schüler oder Schülerinnen, die etwa gleich stark sind (körperlich oder seelisch), miteinander kämpfen oder streiten (jedenfalls sollte er dann nicht gebraucht werden).

Wenn der Begriff Gewalt verwendet wird, muß ein *Ungleichgewicht der Kräfte* vorliegen (ein asymmetrisches Kräfteverhältnis): Der Schüler oder die Schülerin, der oder die der negativen Handlung ausgesetzt ist, hat Mühe, sich selbst zu verteidigen, und ist in irgendeiner Weise hilflos gegenüber dem Schüler oder der Schülerin oder den Schülern und Schülerinnen, die ihn drangsalieren.

Es ist nützlich, zwischen *unmittelbarer Gewalt* – mit verhältnismäßig offenen Angriffen gegen das Opfer – und *mittelbarer Gewalt* in Form gesellschaftlicher Ausgrenzung und absichtlichem Ausschluß zu unterscheiden. Es ist wichtig, auch auf die zweite, weniger sichtbare Form der Gewalt zu achten.

Im vorliegenden Buch werden die Ausdrücke *Gewalttätigkeit, Mobben* und *Gewalttäter-/Gewaltopfer-Problem* in etwa derselben Bedeutung verwendet.

Einige Informationen über jüngere Studien

Ein Fragebogen[1], den ich im Zusammenhang mit der landesweiten Kampagne gegen Gewalt entwickelt habe, lieferte die Daten in den großangelegten Erhebungen in Norwegen und Schweden. Dieser Fragebogen, der anonym von den Schülern und Schülerinnen ausgefüllt wird, unterscheidet sich von früheren Fragebögen über das Problem Gewalttäter/Gewaltopfer in mehreren Gesichtspunkten, darunter auch in folgenden:

- Er liefert eine «Definition» von Gewalt, so daß die Schüler und Schülerinnen klar verstehen, auf was sie antworten sollen.
- Er bezieht sich auf einen bestimmten Zeitraum (den «Bezugszeitraum»).
- Einige der Antwortalternativen sind sehr spezifisch, wie etwa «einmal die Woche» und «mehrmals in der Woche», im Gegenssatz zu Antwortmöglichkeiten wie «oft» und «sehr oft», die auf subjektive Weise ausgelegt werden können.
- Der Fragebogen enthält Fragen über die Reaktionen der anderen auf Gewalt, wie sie von den Antwortenden wahrgenommen werden, das heißt die Reaktionen und Einstellungen von Gleichaltrigen, Lehrern und Lehrerinnen sowie Eltern.

Im Zusammenhang mit der landesweiten Kampagne in Norwegen wurden alle Grund- und weiterführenden Schulen aufgefordert, an der Fragebogenaktion teilzunehmen. Wir schätzen, daß etwa 85 Prozent teilgenommen haben. Eine genauere Analyse habe ich mittels ausgewählter repräsentativer Stichproben von etwa 830 Schulen vorgenommen und dabei aussagefähige Daten von 715 Schulen gewonnen. Sie umfaßten etwa 130.000 Schüler aus ganz Norwegen. Diese Stichproben stellen fast ein Viertel der gesamten Schülerschaft in der relevanten Altersgruppe dar (etwa 8 bis 16 Jahre; Erstkläßler haben nicht teilgenommen, da sie noch nicht gut genug lesen und schreiben können, um den Fragebogen zu beantworten). Die Datensammlung gibt ein gutes Bild von der Häufigkeit des Gewalttäter-/Gewaltopfer-Problems in den verschiedenen Schularten, in den verschiedenen Klassen, unter Jungen im Vergleich zu Mädchen usw.

Im selben Universitätsjahr habe ich eine parallele Erhebung durchgeführt, in der derselbe Fragebogen mit 17.000 Schülern und Schülerinnen der Klassen 3 bis 9 in drei schwedischen Städten (Göteborg, Malmö und Västerås mit Einwohnerzahlen von 420.000 bis 120.000 Einwohnern) verwendet wurde. Diese Erhebung war so angelegt, daß

1 Fragebogen siehe Information auf Seite 12 dieses Buches.

ein Vergleich mit den Daten vorgenommen werden konnte, die in drei etwa vergleichbar großen norwegischen Städten (die drei größten Städte in Norwegen: Oslo, Bergen und Trondheim) gewonnen wurden.

Um ausführliche Erkenntnisse über einige der Mechanismen, die im Gewalttäter-/Gewaltopfer-Problem ablaufen, zu gewinnen und die möglichen Wirkungen des Interventionsprogramms kennenzulernen, habe ich auch ein Sonderprojekt in Bergen durchgeführt. Diese Erhebung (im folgenden «Bergen-Studie» genannt) umfaßte 2.500 Jungen und Mädchen in vier aufeinanderfolgenden Klassenstufen, ursprünglich Klasse 4 bis 7 (mit den Altersjahrgängen 10 bis 15 Jahre) aus 28 Grundschulen und 14 weiterführenden Schulen. Außerdem haben wir Daten von 300 bis 400 Lehrern und Lehrerinnen und Schulleitern und Schulleiterinnen sowie von 1.000 Eltern gesammelt. Wir haben diese Daten zu verschiedenen Zeiten über einen Gesamtzeitraum von 2,5 Jahren gewonnen (Längsschnittstudie).

Ein Schulkind von sieben

Auf der Grundlage der landesweiten Erhebung läßt sich sagen, daß etwa 84.000 Schulkinder oder 15 Prozent der gesamten norwegischen Schülerschaft der Grund- und weiterführenden Schulen (568.000 Schüler und Schülerinnen in den Jahren 1983–84) «hin und wieder» oder «öfter» (Herbst 1983) – als Gewalttäter und Gewalttäterinnen oder Gewaltopfer – an Gewalt beteiligt waren. Etwa 9 Prozent oder 52.000 Schüler und Schülerinnen waren Opfer, und 41.000 oder 7 Prozent waren ziemlich regelmäßig gegen andere Schüler oder Schülerinnen gewalttätig. Etwa 9.000 Schüler und Schülerinnen waren sowohl Opfer als auch Gewalttäter und -täterinnen (1,6% der Gesamtheit von 568.000 Schülern oder 17% der Opfer). Bei der Berechnung dieses Prozentsatzes habe ich die Grenze bei «hin und wieder» gesetzt: Ein Schüler oder eine Schülerin gilt dann als Opfer oder Täter bzw. Täterin, wenn er oder sie die Frage derart beantwortet hat, daß es «hin und wieder» oder «öfter» geschah. Analysen aus der Bergen-Studie zeigen, daß es gute Gründe gibt, die Grenze hier zu setzen. Aber es kann ebenso angebracht sein, die Zahl der Schüler und Schülerinnen zu schätzen, die noch häufiger an Gewalt beteiligt sind. Wir stellen dann fest, daß etwas mehr als 3 Prozent oder 18.000 Schüler und Schülerinnen in Norwegen «etwa einmal die Woche» oder häufiger Gewalt erlitten haben und daß etwas weniger als 2 Prozent oder 10.000 Schüler und Schülerinnen sowohl Gewalttäter und -täterinnen als auch Gewaltopfer waren

(0,2% der Gesamtheit oder 6% der Opfer). Insgesamt etwa 27.000 Schulkinder (5%) in den norwegischen Grund- und weiterführenden Schulen waren derart in Gewalt als Opfer oder Täter und Täterinnen verwickelt – etwa 1 von 20.

Analysen der Parallelbefragungen von Lehrkräften in etwa 90 Klassen (Olweus, 1985 b) lassen darauf schließen, daß die berichteten Ergebnisse kein übertriebenes Bild von der Häufigkeit von Gewalt geben. Da der Schüler- wie auch der Lehrerfragebogen sich nur auf einen Teil des Herbsthalbjahres bezieht, ist es wahrscheinlich, daß die Zahlen eher eine zu niedrige Schätzung des tatsächlichen Anteils der Schülerinnen und Schüler darstellen, die über das ganze Jahr an Gewalt beteiligt sind.

Vor diesem Hintergrund kann gesagt werden, daß *Gewalt ein erhebliches Problem in den norwegischen Schulen darstellt,* also ein Problem ist, das eine sehr große Zahl von Schülern und Schülerinnen betrifft.

Daten aus anderen Ländern wie Schweden (Olweus, 1986), Finnland (Lagerspetz et al., 1982), England (Smith, 1991; Whitney & Smith, 1993), USA (Perry et al., 1988), Kanada (Ziegler & Rosenstein-Manner, 1991), Holland (Haeslager & van Lieshout, 1992), Japan (Hirano, 1992), Irland (O'Moore & Brendan, 1989), Spanien (Ruiz, 1992) und Australien (Rigby & Slee, 1991) und neuerdings Deutschland[2] weisen darauf hin, daß das Gewaltproblem auch außerhalb Norwegens besteht und mit der gleichen oder sogar einer höheren Häufigkeit vorkommt.

Gewalttäter-/Gewaltopfer-Probleme in den verschiedenen Klassen

Stellt man graphisch den Prozentsatz der Schulkinder in den verschiedenen Klassen dar, die in der Schule Gewalt ausgesetzt sind, erzielt man eine ziemlich sanft abfallende Kurve gleichermaßen für Jungen wie Mädchen (vgl. Abbildung 1). Der Abfall ist am deutlichsten in den Grundschulklassen (Klassen 1 bis 6, das entspricht ungefähr der Altersstufe 7 bis 13 in Skandinavien). Der Prozentsatz von Schülerinnen und Schülern, denen gegenüber Gewalt gebraucht wird, fällt mit ansteigender Klassenstufe. *Es sind die jüngeren und schwächeren Schüler und Schülerinnen, die sagen, daß sie am meisten betroffen sind.*

In den unteren Klassen der weiterführenden Schule (Klassen 7 bis 9,

2 Die Ministerin für Bildung, Wissenschaft, Kultur und Sport des Landes Schleswig-Holstein (Hrsg.): Gewalt an Schulen in Schleswig-Holstein. Kiel 1993.

das entspricht ungefähr der Alterstufe 13 bis 16) fallen sie weniger steil ab. Der Prozentsatz der Schulkinder (Jungen und Mädchen zusammen), die in den Klassen 2 bis 6 (11,6%) Gewalt ausgesetzt sind, war im Durchschnitt etwa doppelt so hoch wie in den Klassenstufen 7 bis 9 (5,4%).

Betrachtet man die Art und Weise, mit der Gewalt angewendet wird, ist ein deutlich abnehmender Trend beim Einsatz von physischen Mitteln (körperliche Gewalt) in den oberen Klassen zu erkennen. Gleichzeitig wird deutlich, daß die Folgen von Gewalttätigkeit durch ältere Schüler und Schülerinnen wegen der größeren Körperkräfte wesentlich schwererwiegend sein können.

Aus der Bergen-Studie kann außerdem berichtet werden, *daß ein beträchtlicher Teil der Gewalt von älteren Schülern und Schülerinnen ausgeübt wird.* Das war in den unteren Klassen besonders deutlich: Mehr als 50 Prozent der Gewalt ausgesetzten Kinder in den untersten Klassen (2 und 3) berichteten, daß sie von älteren Schülern und Schülerinnen Gewalt erfahren hatten.

Hinsichtlich der Neigung, gegenüber anderen Schülern und Schülerinnen Gewalt anzuwenden (siehe Abb. 2), sind die Veränderungen nach Klassenstufen nicht so eindeutig und systematisch wie in Abbildung 1. Bei den Jungen war der durchschnittliche Prozentsatz in der Unterstufe der weiterführenden Schulen etwas höher (11,3%) als in den unteren Klassen (10,3%), während bei Mädchen (2,5% in der Unterstufe der weiterführenden Schulen gegenüber 4,0% in den unteren Klassen) das Gegenteil festgestellt wurde. Der ziemlich starke Abfall in der Kurve für Klasse 7, besonders bei den Jungen, ist wahrscheinlich Ausdruck der Tatsache, daß diese Schüler die jüngsten in den unteren Klassen der weiterführenden Schule waren und dementsprechend weniger «Zugang zu geeigneten Opfern» in den unteren Klassen hatten.

Die in den norwegischen Daten sichtbaren Trends wurden in allen wesentlichen Punkten durch die entsprechenden Analysen für schwedische Schüler bestätigt. Dies gilt auch für englische Schüler aus der Gegend von Sheffield (obwohl diese mit größeren Problemen konfrontiert sind) (siehe Whitney & Smith, 1993).

Haben Gewalttäter-/Gewaltopfer-Probleme zugenommen?

Unterschiedliche Methoden, darunter Schülerfragebögen, Einschätzungen durch Lehrer und Lehrerinnen (Olweus, 1973 a, 1978) und durch Gleichaltrige (Lagerspetz et al., 1982; Olweus, 1978) wurden in frühen skandinavischen Studien über die Häufigkeit von Gewalttäter-/Gewaltopfer-Problemen angewendet. Die Stichproben bestanden hauptsächlich aus Schülern und Schülerinnen der Klassen 6 bis 9. Zusammenfassend kann festgestellt werden, daß der Prozentsatz von Schülern und Schülerinnen, die Gewaltopfer und Gewalttäter und -täterinnen sind, etwa bei 5 bis 10 Prozent liegt.

Im großen und ganzen sind die Zahlen dieser Erhebungen, die überwiegend in den 1970er Jahren durchgeführt wurden, etwas niedriger als die Zahlen, die ich feststellen konnte. Es ist jedoch zu beachten, daß viele dieser früheren Studien in ihrer Art sehr vorläufig sind; es gab nur kleine Stichproben und keine klare Definition dessen, was mit Gewaltanwendung gemeint ist (und mit nichtspezifischen Antwortmöglichkeiten, siehe oben). Außerdem wurden die Erhebungen häufig von Studenten und Studentinnen mit wenig Aufsicht durch erfahrene Wissenschaftler und Wissenschaftlerinnen durchgeführt. Vor diesem Hintergrund ist es schwer festzustellen, ob die ermittelte Abweichung tatsächlich einer erhöhten Häufigkeit des Gewalttäter-/Gewaltopfer-Problems in den vergangenen Jahren zuzuschreiben ist oder ob sie lediglich methodische Unterschiede widerspiegelt. Es sind schlechthin keine verläßlichen Daten verfügbar, um sicher abzuschätzen, ob die Gewalttäter-/Gewaltopfer-Probleme in den 1980er Jahren und frühen 1990er Jahren zu- oder abgenommen haben. Es gibt aber mehrere mittelbare Anzeichen dafür, daß Gewaltanwendung in schwererer Form vorkommt und heute weiter verbreitet ist als vor 10 bis 15 Jahren.

Ganz gleich, welche Untersuchungsform angewandt wird, es besteht kaum Zweifel, daß Gewalttätigkeit ein erhebliches Problem in den Grundschulen und in der Unterstufe der weiterführenden Schulen in Norwegen (und in anderen Ländern) darstellt, eines, das ernstzunehmen ist. Gleichzeitig ist es wichtig zu erkennen, daß 60 bis 70 Prozent der Schulkinder (in einem Schulhalbjahr) überhaupt nicht an gewalttätigen Handlungen beteiligt sind, und zwar weder als Opfer noch als Täter. Diese Gruppe kann wesentlich dazu beitragen, der Gewalt in der Schule entgegenzuwirken (siehe Teil II des Buches).

Gewalt unter Jungen und Mädchen

Abbildung 1 läßt einen Trend erkennen, daß Jungen Gewalt eher ausgesetzt sind als Mädchen. Diese Tendenz ist besonders deutlich in der Unterstufe der weiterführenden Schulen.

Diese Ergebnisse betreffen das, was unmittelbare Gewalt genannt wird, nämlich relativ offene Angriffe auf das Opfer. Natürlich fragt man sich, ob Mädchen häufiger mittelbarer Gewalt in Form sozialer Isolierung und absichtlicher Ausgrenzung aus der Gruppe Gleichaltriger ausgesetzt sind. Eine der Fragen des Fragebogens sieht die Prüfung dieses Problems vor. Die Antworten zeigen, daß Mädchen eher mittelbaren und raffinierten Formen der Gewalt als dem Mobben in Form des offenen Angriffs ausgesetzt sind. Doch ist der Anteil an Jungen, die in dieser mittelbaren Weise gemobbt werden, nicht signifikant geringer als der der Mädchen.

Es ist zu unterstreichen, daß diese Ergebnisse auf Zusammenfassungen beruhen. Natürlich gibt es viele Schulen und Klassen, in denen mehr Mädchen oder ebenso viele Mädchen wie Jungen unmittelbarer Gewalt ausgesetzt sind, auch in der Unterstufe der weiterführenden Schule.

Ein weiteres Ergebnis der Bergen-Studie ist in diesem Zusammenhang von Belang. Es wurde festgestellt, daß *Jungen einen großen Teil der Gewalt ausübten, der Mädchen ausgesetzt waren.* Mehr als 60 Pro-

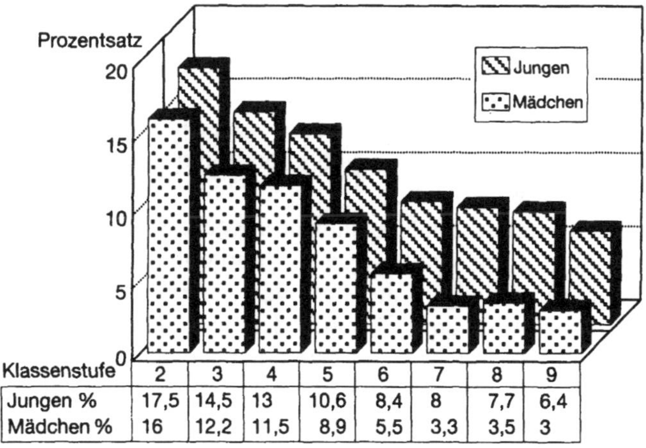

Klassenstufe	2	3	4	5	6	7	8	9
Jungen %	17,5	14,5	13	10,6	8,4	8	7,7	6,4
Mädchen %	16	12,2	11,5	8,9	5,5	3,3	3,5	3

Abbildung 1: Gewaltopfer.

zent der von Gewalt betroffenen Mädchen (in den Klassen 5 bis 7) berichteten, daß sie hauptsächlich von Jungen gemobbt wurden. Weitere 15 bis 20 Prozent sagten, daß sie sowohl von Jungen als auch von Mädchen gemobbt wurden. Die große Mehrheit der Jungen andererseits – mehr als 80 Prozent – wurde hauptsächlich von Jungen gemobbt.

Diese Ergebnisse lenken unsere Aufmerksamkeit auf Abbildung 2, die den Anteil der Schüler und Schülerinnen zeigt, die an Gewalttätigkeit gegen Schüler und Schülerinnen beteiligt waren. Es ist offensichtlich, daß ein erheblich größerer Anteil Jungen als Mädchen an Gewalt beteiligt war. In der Unterstufe der weiterführenden Schule hatten mehr als viermal so viele Jungen wie Mädchen berichtet, daß sie andere Schüler und Schülerinnen gemobbt hatten.

Gewalt mit physischen Mitteln ist unter Jungen üblicher. Mädchen dagegen benutzen oft raffiniertere und verdecktere Schikanen wie üble Nachrede und Verbreitung von Gerüchten oder sind Drahtzieher in Freundschaftsbeziehungen (z. B. einem Mädchen seine «beste Freundin» wegzunehmen). Doch auch unter den Jungen ist das Schikanieren mit nichtphysischen Mitteln (Worten, Gesten usw.) die häufigste Form der Gewalt.

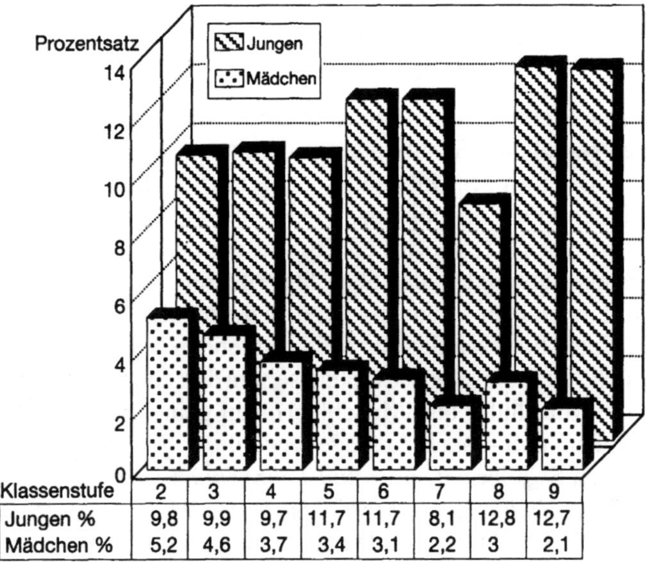

Klassenstufe	2	3	4	5	6	7	8	9
Jungen %	9,8	9,9	9,7	11,7	11,7	8,1	12,8	12,7
Mädchen %	5,2	4,6	3,7	3,4	3,1	2,2	3	2,1

Abbildung 2: Gewalttäter und Gewalttäterinnen.

Insgesamt waren *Jungen häufiger Opfer und vor allem Täter bei Gewalttätigkeiten.* Diese Schlußfolgerungen stimmten mit den Erwartungen der Forschung über Geschlechtsunterschiede hinsichtlich aggressiven Verhaltens (Maccoby & Jacklin, 1974, 1980; Ekblad & Olweus, 1986) überein. Es ist belegt, daß die Beziehungen unter Jungen insgesamt härter, robuster und aggressiver als unter Mädchen sind (Maccoby, 1986). Diese Unterschiede sind sicher sowohl biologisch als auch gesellschaftlich bedingt.

Die hier vorgestellten Ergebnisse sollten keineswegs in der Weise ausgelegt werden, daß wir Gewalt unter Mädchen keine Aufmerksamkeit zu schenken brauchen. Selbstverständlich muß die Gewaltproblematik auch unter Mädchen registriert und angegangen werden, seien sie Opfer oder Täterinnen von Gewaltakten. In diesem Zusammenhang ist daran zu erinnern, daß Mädchen mittelbarer Gewalt etwa so viel ausgesetzt sind wie Jungen. Außerdem ist es möglich, daß einige Formen des Mobbens, die Mädchen anwenden, so raffiniert sind, daß wir sie in unserem Fragebogen nicht aufgedeckt haben.

Was tun die Lehrer und Lehrerinnen? Was wissen die Eltern?

Die Antworten der Schüler und Schülerinnen auf eine der Fragen geben Auskunft darüber, wie oft Lehrkräfte einzugreifen versuchen, wenn ein Schüler oder eine Schülerin in der Schule gemobbt wird. Etwa 40 Prozent der gemobbten Schulkinder in den ersten Grundschulklassen und fast 60 Prozent in der Unterstufe der weiterführenden Schule berichteten, daß Lehrkräfte nur «hin und wieder» oder «fast nie» versucht hatten, «das zu stoppen». Und etwa 65 Prozent der gemobbten Schulkinder in der Grundschule sagten, daß der Klassenlehrer oder die Klassenlehrerin nicht mit ihnen über Mobben gesprochen hatte. Die entsprechende Zahl für die Unterstufenschüler der weiterführenden Schule war mit 85 Prozent hoch. Fast dieselben Ergebnisse wurden für Schulkinder festgestellt, die Mitschüler und Mitschülerinnen gemobbt hatten. Daraus ist zu schließen, daß – nach Aussage sowohl der gemobbten als auch der mobbenden Schüler – *Lehrer und Lehrerinnen verhältnismäßig wenig unternehmen (oder 1983 unternahmen), um Mobben in der Schule zu stoppen!* Die Lehrkräfte suchten auch nur wenig Kontakt zu den Schulkindern, die beteiligt waren, um mit ihnen über die Probleme zu sprechen. Das gilt besonders für die Unterstufe der weiterführenden Schule.

Wiederum ist zu betonen, daß diese Ergebnisse Haupttrends aus den erhobenen Daten darstellen. Natürlich wurden große individuelle Unterschiede bei den Schulen (und unter den Lehrern und Lehrerinnen) festgestellt! Es gab Schulen, in denen die Lehrer und Lehrerinnen eingriffen, wenn gemobbt wurde, und mit den beteiligten Schülern und Schülerinnen viel öfter sprachen, als es im Durchschnitt aller Schulen geschah. Genauso gab es Schulen, in denen die Lehrer und Lehrerinnen erheblich weniger eingriffen.

Etwa 57 Prozent der gemobbten Schüler und Schülerinnen in den Anfängerklassen berichteten, daß «irgendwer zu Hause» mit ihnen über die Gewalttat gesprochen hatte. In der Unterstufe der weiterführenden Schule lag dieser Prozentsatz bei nur etwa 35 Prozent. Noch erheblich niedriger lagen die Zahlen für Schüler und Schülerinnen, die angaben, andere gemobbt zu haben. Es kann die Schlußfolgerung gezogen werden, daß *Eltern von Schülern und Schülerinnen, die gemobbt werden, und besonders von solchen, die andere mobben, sich des Problems vergleichsweise wenig bewußt sind und mit ihren Kindern darüber nur wenig sprechen.*

Obwohl diese Ergebnisse nicht direkt etwas über die Häufigkeit oder über die Ursachen des Gewalttäter-/Gewaltopfer-Problems aussagen, sind sie wichtige Informationsbestandteile, wenn es gilt, Gegenmaßnahmen zu planen.

Gewalt in der Schule und auf dem Schulweg

Es wird ziemlich oft behauptet, daß vor allem auf dem Weg zur Schule und von der Schule gemobbt wird, mehr als in der Schule selbst. Die Ergebnisse meiner Untersuchungen in Norwegen und Schweden zeigen klar, daß diese Ansicht nicht gültig ist. Innerhalb der Schule wurden doppelt so viele Schüler gemobbt verglichen mit den entsprechenden Zahlen für den Schulweg (in der Unterstufe der weiterführenden Schule sogar dreimal so viel). Hier besteht allerdings ein ziemlich starker Zusammenhang: Schüler und Schülerinnen, die auf dem Schulweg gemobbt worden waren, wurden es überwiegend auch in der Schule. *Die Schule ist zweifellos der Ort, an dem am meisten gemobbt wird.*

Die Schüler und Schülerinnen berichteten jedoch, daß ihnen erheblich weniger Hilfe von anderen zuteil wurde, wenn sie auf dem Schulweg gemobbt wurden. Daher ist es wichtig, auch dort wirksame Maßnahmen gegen Gewalt zu ergreifen.

Vergleich zwischen Norwegen und Schweden

Es ist möglich und auch sinnvoll, die Antworten der 17.000 Schüler und Schülerinnen der drei schwedischen Städte Göteborg, Malmö und Västerlås mit den Ergebnissen der etwa 32.000 Schüler und Schülerinnen aus Oslo, Bergen und Trondheim zu vergleichen. Der Haupteindruck ist der, daß es große Übereinstimmungen gibt. Es gibt aber auch interessante Unterschiede, und in diesem Zusammenhang will ich kurz die Abweichungen beleuchten.

Ein auffälliger Befund ist der, daß die schwedischen Schüler und Schülerinnen indirekter Gewalt in Form von sozialer Isolierung und Ausgrenzung aus der Gruppe mehr ausgesetzt waren als die norwegischen. Achtzehn Prozent der schwedischen Grundschüler und -schülerinnen (Klassen 3 bis 6) gegenüber kaum 13 Prozent der Schüler und Schülerinnen aus den entsprechenden Klassen in den norwegischen Schulen berichteten, daß «andere Schüler und Schülerinnen die Pause nicht mit ihnen verbringen wollten und sie am Ende allein blieben». Unter den schwedischen Jugendlichen scheint es mehr Einsamkeit und Isolierung zu geben.

Die schwedischen Schüler und Schülerinnen waren auch in größerem Ausmaß Opfer direkter Gewalt (mit offenen Angriffen) als die norwegischen Schüler und Schülerinnen, besonders in der Unterstufe der weiterführenden Schulen. Außerdem mobbten schwedische Schüler und Schülerinnen dieser Altersstufe andere Jugendliche etwas häufiger. Im Hinblick auf die schweren Formen von Gewalt («einmal wöchentlich» oder häufiger) mobbte ein größerer Prozentsatz schwedischer Schüler und Schülerinnen der Unterstufe der weiterführenden Schulen andere Schüler und Schülerinnen oder wurde von anderen gemobbt. Jugendliche der Unterstufe der schwedischen weiterführenden Schulen mobbten auch Lehrer und Lehrerinnen häufiger als die norwegischen Schüler (13% gegenüber 9%).

Im großen und ganzen waren also die Gewalttäter-/Gewaltopfer-Probleme etwas größer und etwas schwererwiegend in den schwedischen Schulen als in den norwegischen. Besonders für die Schüler und Schülerinnen der Unterstufe der weiterführenden Schulen gilt diese Schlußfolgerung; hinsichtlich indirekter Gewalt gilt sie für Grundschüler und -schülerinnen.

Erwähnenswert ist auch, daß die norwegischen Lehrer und Lehrerinnen etwas häufiger eingriffen, um Mobben zu stoppen (auf der Ebene der Unterstufe der weiterführenden Schule). Andererseits sprachen die schwedischen Lehrer und Lehrerinnen mit den gewalttätigen Schülern und Schülerinnen etwas häufiger als die norwegischen Lehrer und Lehrerinnen (sowohl in der Grundschule als auch in der Unterstufe der weiterführenden Schulen). Auch die schwedischen Eltern sprachen etwas mehr mit den Gewaltopfern oder den gewalttätigen Kindern.

Die Antworten der Schüler und Schülerinnen lassen erkennen, daß die schwedischen Lehrer und Lehrerinnen und Eltern sich der Gewalttäter-/Gewaltopfer-Probleme etwas bewußter sind. Sowohl die schwedischen als auch die norwegischen Ergebnisse müssen jedoch in dieser Hinsicht als eindeutig unbefriedigend angesehen werden. Man kann zu Recht annehmen, daß die Probleme in den schwedischen Schulen noch größer gewesen wären, wenn die Erwachsenen dafür ein geringeres Problembewußtsein gehabt hätten.

Ist Gewalt hauptsächlich ein Großstadtproblem?

Man nimmt allgemein an, daß Mobben hauptsächlich an großstädtischen Schulen vorkommt. Ergebnisse aus den landesweiten norwegischen Erhebungen zeigen aber, daß das eine Phantasievorstellung ist. Der Anteil der Schüler und Schülerinnen in Oslo, Bergen und Trondheim (mit Bevölkerungszahlen von 450.000 bis 150.000 Einwohnern), die gemobbt wurden oder die andere mobbten, war etwa gleich groß oder sogar etwas niedriger als die entsprechenden Zahlen aus dem übrigen Land. Die «Großstadt»-Kinder und Jugendlichen waren in dieser Hinsicht «besser» als ihr Ruf. Es wurde auch festgestellt, daß sowohl Lehrer und Lehrerinnen als auch Eltern in den drei Städten öfter mit den an Gewalttäter-/Gewaltopfer-Problemen beteiligten Schülern sprachen, als es in anderen Teilen des Landes der Fall war. Diese Ergebnisse deuten auf ein etwas größeres Problembewußtsein in den Städten hin.

Die Größe der Schule und der Klasse

Eine weitere verbreitete Ansicht, die besonders unter Lehrern und Lehrerinnen beliebt ist, ist die, daß Gewaltprobleme ungefähr proportional mit der Schul- und der Klassengröße zunehmen: Die Probleme, so nimmt man an, sind in großen Schulen und in großen Klassen größer.

Daten aus 10 Schulen im Bereich Groß-Stockholm, die ich in den frühen 1970er Jahren (Olweus, 1973a, 1978) vorgestellt habe, unterstützen diese Annahmen in gar keiner Weise.

Außerdem gelang es nicht, mit in drei finnischen Schulen gewonnenen Daten zu beweisen, daß ein Zusammenhang zwischen dem Prozentsatz von mobbenden und gemobbten Schülern und Schülerinnen einerseits und der Schul- und Klassengröße andererseits besteht (Lagerspetz et al., 1982; Ekman, 1977).

Die neueren norwegischen Erhebungen geben aktuelle und erheblich erweiterte Möglichkeiten, die Gültigkeit dieser Hypothesen zu prüfen. Mit den verfügbaren Daten lassen sich Vergleiche zwischen mehr als 700 Schulen und mehreren tausend Klassen anstellen. Es sollte jedoch angemerkt werden, daß es für die Aussagekraft dieser Daten von Bedeutung ist, solche Vergleiche nur zwischen Schulen (oder Klassen) derselben Art vorzunehmen (z. B. kleine Grundschulen gegenüber großen Grundschulen).

Die Abweichungen in Schul- und Klassengröße unter den miteinander verglichenen Einheiten waren erheblich. Zum Beispiel hatten die kleinsten normalen Schulen mit den Klassen 1 bis 6 nur 43, während die größten 930 Schüler und Schülerinnen hatten. Die durchschnittliche Klassengröße reichte über eine Brandbreite von etwa 7 bis 27 Schülern und Schülerinnen in Schulen dieser Art.

Die Ergebnisse waren deutlich: Es gab keine eindeutigen Zusammenhänge zwischen dem Grad der Gewaltprobleme (dem Prozentsatz von Schülern und Schülerinnen, die mobbten oder gemobbt wurden) und der Schul- oder durchschnittlichen Klassengröße.

In diesem Zusammenhang ist es auch interessant, die Ergebnisse aus einem Vergleich von 307 normalen Grundschulen zu betrachten (mit mindestens einer Klasse in jeder Stufe) und etwa 90 einklassigen Schulen (mit Schülern und Schülerinnen von mehr als einer Klassenstufe in derselben Klasse). Diese einklassigen Schulen, die zahlenmäßig etwa 50 Prozent der Grundschulen in Norwegen ausmachen (aber nur 15% der Schülerpopulation in der Altersgruppe), liegen größtenteils auf dem Lande. Die durchschnittliche Zahl von Schülern und Schülerinnen, die den Fragebogen ausfüllten, betrug 43 in den einklassigen Schulen und 184 in den normalen Schulen.

Der Hauptbefund dieses Vergleichs war der, daß der Anteil gemobbter Schüler und Schülerinnen in den kleinen einklassigen Schulen etwa so groß war wie der in den größeren, normalen Grundschulen. Der Anteil der Schüler und Schülerinnen, die andere Schüler und Schülerinnen mobbten, war sogar etwas höher in den einklassigen Schulen. Dieser Befund widerspricht der volkstümlichen Meinung, daß die einklassige Schule ein idyllischer und konfliktfreier Ort sei.

Die internationale Forschung über die «Auswirkungen» der Klassen- und Schulgröße stimmt in ihrer Auffassung darin überein, daß diese Faktoren keine große Bedeutung haben, zumindest nicht innerhalb der Bandbreite der typischerweise vorgefundenen Größenvarianten (z.B. Rutter, 1983). Wir können daraus folgern, daß *die Größe der Klasse oder der Schule von nebensächlicher Bedeutung für die relative Häufigkeit oder Größe des Gewaltproblems in der Klasse oder in der Schule zu sein scheint.* Dementsprechend ist nach anderen Faktoren zu suchen, um die Ursachen für diese Probleme zu finden.

Es ist trotzdem eine Tatsache, daß die absolute Zahl der gemobbten oder mobbenden Schüler und Schülerinnen im Durchschnitt in großen Schulen und in großen Klassen höher ist. Man könnte daher annehmen, daß es etwas leichter wäre, etwas gegen die Probleme in kleinen Schulen oder in kleinen Klasssen zu tun. Die von uns durchgeführten Analysen scheinen jedoch auch diese Annahme nicht zu stützen.

Aufsicht in der Pause und beim Mittagessen

In der Bergen-Studie konnten wir auch das Verhältnis zwischen bestimmten Aspekten des Aufsichtssystems in der Pause und beim Mittagessen und dem Gewaltproblem in der Schule untersuchen. Wir fanden für die etwa 40 Grundschulen und Unterstufen der weiterführenden Schulen, die an dieser Erhebung teilnahmen, eine eindeutig negative Beziehung zwischen relativer «Lehrerdichte» während der Pausenzeit und der Anzahl von Gewaltvorkommnissen. Das heißt: Je größer die Anzahl der Lehrer und Lehrerinnen (z. B. auf 100 Schulkinder) war, die die Pausenaufsicht führten, desto niedriger war die Zahl der Gewaltfälle in der Schule. Dieses Ergebnis zeigt, daß es wichtig ist, daß eine *hinreichend große Zahl von Erwachsenen während der Pausen- und Essenszeit* unter den Schülern *anwesend* ist (wahrscheinlich unter der Bedingung, daß die Erwachsenen willens und bereit sind, im Anfangsstadium des Mobbens einzugreifen).

Allgemeiner gesehen, läßt dieses Ergebnis den Schluß zu, daß *die Einstellung der Lehrer und Lehrerinnen gegenüber dem Gewaltproblem und ihr Verhalten in Situationen mit Gewalttätigkeit von großer Bedeutung für das Ausmaß der Gewaltfälle in der Schule und in der Klasse ist.* In der Bergen-Studie werden wir versuchen, noch ausführlicher zu spezifizieren, welche Elemente in der Einstellung und im Verfahren der Lehrer und Lehrerinnen besonders wichtig sind.

Über Analysen auf verschiedenen Ebenen

Ein großer Teil dessen, was bisher berichtet wurde, ist beschreibende Information über das Vorkommen von Gewalttäter-/Gewaltopfer-Problemen unter verschiedenen Bedingungen. Wir haben jedoch auch kurz einige mögliche Ursachen der Gewalt betrachtet, wie zum Beispiel die Größe der Schule oder der Klasse und die Art und Weise, wie die Aufsicht während der Pause und der Essenszeit organisiert wird. In den letztgenannten Fällen haben wir die charakteristischen Elemente der Umgebung oder «des Systems» untersucht, die sich möglicherweise auf das Ausmaß oder die Größe des Gewaltproblems für eine ganze Schülergruppe auswirken, wie zum Beispiel die Schule oder die Klasse (die Gruppe ist die Analyseeinheit). Diese Fragen zu untersuchen ist sicherlich wichtig, zum Beispiel, um mehr Erkenntnisse und Vorstellungen darüber zu gewinnen, welche Maßnahmen in der Schule oder in den Klassenstufen das Gewaltproblem mindern können.

Eine weitere Reihe von Fragen befaßt sich mit der Untersuchung von Merkmalen verschiedener Untergruppen von Schülerinnen und Schülern: den Mobbern, den Gemobbten oder denen, die keines von beiden sind. Bei diesen Analysen ist es wichtig, äußerliche Merkmale und Persönlichkeitsmerkmale dieser Gruppen von Schülern und Schülerinnen zu betrachten wie auch die Frage, ob es Unterschiede in ihrer Lebenssituation oder ihrer Umgebung gibt, zum Beispiel hinsichtlich der Schule oder der familiären Umstände. Beispiele für Fragen, die zu untersuchen sind:

Tragen äußere Auffälligkeiten wie Fettleibigkeit oder «rote» Haare dazu bei, daß ein Schüler oder eine Schülerin eher gemobbt wird? Haben gemobbte oder mobbende Kinder eine Erziehung erfahren, die von dem abweicht, was für Kinder im allgemeinen charakteristisch ist?

Es ist wesentlich, diese beiden einander ergänzenden Fragenkomplexe anzusprechen, um ein vollständigeres Verständnis der beim Gewaltproblem beteiligten Mechanismen zu gewinnen und um sinnvolle Interventionsprogramme entwickeln zu können.

Ich will jetzt zum zweiten Fragenkomplex übergehen, aber vorher möchte ich kurz einige Befunde erörtern, die die «Stabilität» des Gewaltproblems über eine längere Zeit betreffen. In gewisser Weise dienen diese Befunde als allgemeiner Hintergrund für vieles von dem, was folgen wird.

Unveränderlichkeit des Gewalttäter-/ Gewaltopfer-Problems über eine längere Zeit

Ist der Umstand, Gewaltopfer zu sein, etwas, das eine Schülerin oder einen Schüler über einen längeren Zeitraum charakterisiert, oder ist es etwas, das manchmal die eine Schülerin oder den einen Schüler betrifft, manchmal eine andere oder einen anderen (selbst wenn die Definition von Mobben dieses als einen Vorgang spezifiziert, der über eine «längere Zeit» stattfindet, siehe S 22)? Dieselbe Frage kann im Hinblick auf jene Schüler und Schülerinnen gestellt werden, die andere Schüler und Schülerinnen mobben. Diese Fragen betreffen die «Stabilität» des Gewalttäter-/Gewaltopfer-Problems über eine längere Zeit.

Meine früheren schwedischen Erhebungen zeigen, daß Schülerinnen und Schüler, die zu einer bestimmten Zeit Gewalt ausgesetzt waren, dazu tendieren, auch mehrere Jahre später Opfer von Gewalt zu werden. Ebenso stellten wir fest, daß Schülerinnen und Schüler, die sich gegenüber Gleichaltrigen zu irgendeiner Zeit aggressiv verhalten haben, sich auch viel später wiederum eher aggressiv verhalten werden (Olweus, 1977, 1978). Die Tatsache, daß aggressives Verhalten ein ziemlich unveränderliches individuelles Wesensmerkmal ist, wurde auch bei der Durchsicht mehrerer amerikanischer und englischer Erhebungen bestätigt (1979). Die Forschungsergebnisse rechtfertigen die folgende Schlußfolgerung: Gewalttäter oder Gewaltopfer zu sein, ist etwas, das eine lange Zeit anhalten kann, oft mehrere Jahre lang.

Welche Schlußfolgerungen können aus diesen Ergebnissen gezogen werden? Ganz bestimmt heißt es nicht, daß es unmöglich ist, die Häufigkeit von Mobben in der Klasse oder in der Schule erheblich zu senken. Es bedeutet auch nicht, daß es unmöglich ist für Schüler und Schülerinnen, die gemobbt werden, oder für solche, die mobben, «spontan» ihre Situation oder ihr Verhalten zu ändern. Eine Interpretation der Ergebnisse ist die, daß ein Schüler oder eine Schülerin, der oder die gemobbt wird, sich oft über eine lange Zeit in einer schwierigen Situation befinden wird. Außerdem sind die Chancen, daß es dem Kind gelingt, dieser Situation zu entrinnen, ziemlich gering, wenn nicht besondere Anstrengungen unternommen werden, um Änderungen herbeizuführen. Interpretiert man die Schlußfolgerung über die Stabilität von Gewalttätigkeit über eine längere Zeit auf diese Weise, dann kann sie ein starker Ansporn zur Entwicklung aktiverer und zielgerichteterer Maßnahmen gegen Gewalttätigkeit sein.

Ist Gewalttätigkeit ein Folge von Konkurrenz in der Schule?

In der öffentlichen Diskussion wurde oft behauptet, daß Gewalt eine direkte Folge des Wettbewerbs um gute Zensuren in der Schule sei. Genauer gesagt, so wurde argumentiert, könne das aggressive Verhalten der Gewalttäter gegenüber ihren Altersgenossen als eine Reaktion auf Frustrationen und Versagen in der Schule erklärt werden.

Zwar könnte dies auf den ersten Blick eine einleuchtende Vermutung sein, doch umfassende Datenanalysen zeigen, daß das ein Märchen ist. Eine Reihe von bereits in meinem Buch *Aggression in den Schulen* 1978 vorgestellten Ergebnissen legte den Schluß nahe, daß diese Erklärung nicht haltbar sei. Diese Befunde wurden durch neuere und detailliertere Analysen (Olweus, 1983) bestätigt und untermauert. Gegenstand der Erhebung war eine Gruppe von 444 Jungen aus dem Groß-Stockholmer Stadtbereich, die von Klasse 6 bis Klasse 9 in einer Längsschnitterhebung beobachtet wurde. Die Ergebnisse *lieferten keinerlei Hinweise darauf, daß das Verhalten aggressiver Jungen eine Folge schlechter Zensuren oder Versagens in der Schule war.*

Im übrigen hat es den Anschein, daß Gewalttäter *und* Gewaltopfer etwas schlechtere Zensuren als der Durchschnitt haben (Olweus, 1978; Haeselager & van Lieshout, 1992). In den Klassen 5 und 6 sind die Abweichungen vom Durchschnitt nicht groß, aber diese Unterschiede werden in der Unterstufe der weiterführenden Schule stärker, vielleicht besonders für die Gewalttäter. Wie ich jedoch oben erwähnt habe, wird die Behauptung, daß ihre schlechteren Zensuren *Ursachen* ihres aggressiven Verhaltens sind, durch nichts untermauert.

Welche Rolle spielen äußerliche Auffälligkeiten?

Fordert man die Schüler und Schülerinnen auf zu erklären, warum bestimmte Kinder gemobbt werden, tendieren sie dazu, das mit äußerlichen (negativen) Auffälligkeiten zu begründen wie Fettleibigkeit, rote Haare, ein ungewöhnlicher Dialekt oder das Tragen einer Brille. Erhebungen, die in zwei verschiedenen Gruppen von Jungen durchgeführt wurden, haben jedoch keinerlei Beweise für die Erklärung geliefert (Olweus 1973 a, 1978). Im großen und ganzen ließ sich feststellen, daß die Opfer äußerlich nicht mehr abwichen (im Hinblick auf 14 äußerliche Merkmale, die aufgrund von Lehrereinstufungen beurteilt wurden) als eine Kontrollgruppe von Jungen, die nicht gemobbt worden waren. Die einzige «äußerliche Auffälligkeit», die innerhalb der Gruppen unterschiedlich war, war körperliche Stärke: Die Opfer waren körperlich schwächer als Jungen im allgemeinen (während die Gewalttäter stärker waren als der Durchschnitt und im besonderen stärker als die Opfer).

Auf der Grundlage dieser Ergebnisse ist es interessant zu ergründen, warum die Meinung, daß äußerliche Abweichungen erheblich seien, so allgemein verbreitet ist. Dafür gibt es sicher verschiedene Gründe. Erstens zeigt die Erhebung, daß etwa 75 Prozent der Schüler in der Kontrollgruppe mindestens eine äußerliche Abweichung besaßen (Olweus, 1973 a, 1978). Das bedeutet, daß wir fast alle «abweichen». Folglich wird jeder, der äußerliche Abweichungen an Opfern als Begründung sucht, sehr wahrscheinlich solche Abweichungen finden. Und damit würde die vorgefaßte Meinung des Betrachters bestätigt werden.

Ein weiterer Grund ist der, daß es leicht ist, alle jene Kinder zu übersehen, die eine Brille tragen, rote Haare haben oder übergewichtig sind usw. und nicht gemobbt werden. Schließlich wird ein Gewalttäter in einer Gewaltsituation sich wahrscheinlich ein Opfer mit möglichen äußerlichen Abweichungen heraussuchen und diese ausnutzen, aber das bedeutet nicht, daß die äußerliche Abweichung der Grund für die Gewalttätigkeit ist.

Wir können daher folgern, daß *äußerliche Abweichungen eine viel geringere Rolle als Ursache des Gewaltproblems spielen, als allgemein angenommen wird.* Diese Schlußfolgerung schließt jedoch die Möglichkeit, daß eine solche äußere Abweichung in einem besonderen Fall ausschlaggebend gewesen sein kann, nicht aus.

Die oben erwähnte Untersuchung betrifft Opfer von Gewalttätigkeiten über eine längere Zeit. Es ist möglich (obwohl das bisher noch nicht untersucht worden ist, soweit ich weiß), daß äußerliche Abweichungen eine gewisse Bedeutung im Zusammenhang mit leichteren Formen der Gewalttätigkeit haben können oder dann, wenn eine Person als neues Mitglied in eine bereits bestehende Gruppe kommt. Es sollte auch erwähnt werden, daß zur Zeit kaum systematische Kenntnisse über Gewalt gegen oder durch Kinder von Einwanderern vorliegen (aber siehe Olweus, 1978, Kap. 6). Es ist immerhin wissenswert, daß eine jüngere sorgfältigere Erhebung aus Holland (Junger, 1990) kein höheres Vorkommen von Gewaltopfern in drei Gruppen eingewanderter Jungen fand – Marokkaner, Türken und Surinamer – im Vergleich zu einer Gruppe von einheimischen holländischen Jungen derselben Altersgruppe (12 bis 17 Jahre).

Was charakterisiert das typische Gewaltopfer?

Ein ziemlich klares Bild des typischen Opfers ergab sich aus den Erhebungen (z. B. Olweus, 1973 a, 1978; Björkqvist et al., 1982; Lagerspetz et al., 1982; Boulton & Smith, 1995; Perry et al., 1988; Farrington, 1995). Im großen und ganzen gilt dieses Bild für Jungen und Mädchen. Es muß jedoch betont werden, daß bisher weniger Forschungsarbeiten über Gewalttätigkeit unter Mädchen durchgeführt wurden.

Das typische Opfer ist ängstlicher und unsicherer, als es Schüler und Schülerinnen im allgemeinen sind. Außerdem ist es oft vorsichtig, empfindsam und still. Wenn es von anderen Schülern und Schülerinnen angegriffen wird, reagiert es meistens mit Weinen (zumindest in den unteren Klassen) und Rückzug. Opfer leiden darüber hinaus unter mangelndem Selbstwertgefühl, sie haben eine negative Einstellung zu sich selbst und ihrer Situation. Sie betrachten sich oft als Versager und empfinden sich als dumm, wenig anziehend und schämen sich.

Die Opfer sind einsam und verlassen in der Schule. Meistens haben sie keinen einzigen guten Freund in ihrer Klasse. Sie sind nicht aggressiv oder aufdringlich in ihrem Verhalten, und dementsprechend kann man sich die Gewalttätigkeit ihnen gegenüber nicht als Folge herausfordernden Verhaltens ihren Altersgenossen gegenüber erklären. Auch haben diese Kinder häufig eine negative Einstellung gegenüber Gewalt und der Anwendung von gewalttätigen Mitteln. Sind es Jungen, dann sind sie meistens körperlich schwächer als Jungen im allgemeinen (Olweus, 1978).

Ich habe diesen Opfertyp *den passiven oder ergebenen Opfertyp* genannt (1973 a, 1978) im Gegensatz zu dem weniger verbreiteten unten beschriebenen Typ. Insgesamt scheint es, daß das Verhalten und die Einstellung des passiven Opfertyps *den anderen zu erkennen geben, daß er sich unsicher und wertlos fühlt und nicht zurückschlagen wird, wenn er angegriffen oder beleidigt wird.* Etwas anders läßt sich das passive Opfer beschreiben, wenn man sagt, daß es durch ein *ängstliches und zurückgezogenes Reaktionsmuster in Verbindung* (im Falle von Jungen) *mit körperlicher Schwäche* charakterisiert wird.

Eingehende Gespräche mit den Eltern von Jungen, die gemobbt wurden, weisen darauf hin, daß diese Jungen von einer gewissen Vorsichtigkeit und Empfindlichkeit schon im frühen Lebensalter gekennzeichnet waren (Olweus, unveröffentlicht b, 1993). Jungen mit solchen Eigenschaften (vielleicht in Verbindung mit körperlicher Schwäche) hatten wahrscheinlich Schwierigkeiten, sich in der Gruppe Gleichaltriger zu behaupten. Damit gibt es gute Gründe anzunehmen, daß diese

Merkmale dazu beigetragen haben, sie zu Gewaltopfern zu machen (siehe auch Schwartz et al., 1995). Parallel dazu hat offensichtlich wiederholtes Mobben durch Gleichaltrige ihre Furcht, Unsicherheit und allgemein negative Selbsteinschätzung gesteigert.

Einige unserer Daten weisen auch darauf hin, daß die Jungen als Opfer von Gewalt einen engeren Kontakt und ein positiveres Verhältnis zu ihren Eltern hatten, besonders zu ihren Müttern, als Jungen im allgemeinen. Dieses enge Verhältnis wird manchmal von den Lehrern und Lehrerinnen als Überbehütung durch die Mütter angesehen (Olweus, 1973 a, 1978). Mit Recht ist zu vermuten, daß solche Tendenz zur Überbehütung sowohl Ursache als auch Folge von Gewalttätigkeit sein kann.

Wie vorher gesagt, gibt es eine weitere, eindeutig kleinere Gruppe von Opfern, den *provozierenden Opfern*, die sich durch eine Kombination von sowohl ängstlichen als auch aggressiven Reaktionsmustern auszeichnen. Diese Schüler und Schülerinnen haben häufig Konzentrationsprobleme und verhalten sich auf eine Weise, die in ihrer Umgebung Ärger und Spannung verursachen kann. Einige dieser Schüler und Schülerinnen können als hyperaktiv charakterisiert werden. Es ist nicht ungewöhnlich, daß ihr Verhalten viele Mitschülerinnen und -schüler in der Klasse provoziert und bei diesen oder sogar der ganzen Klasse negative Reaktionen hervorruft. Die Dynamik des Gewalttäter-/Gewaltopfer-Problems in einer Klasse mit provokativen Opfern unterscheidet sich teilweise von den Problemen in einer Klasse mit passiven Opfern (Olweus, 1978).

Aus einer nachfassenden Erhebung von zwei Gruppen von Jungen (aus meiner schwedischen Erhebung, siehe 1993), die von Gleichaltrigen in der Schule gemobbt oder nicht gemobbt worden waren (Klassen 6 bis 9), geht hervor, daß die früheren Opfer sich in vieler Hinsicht als junge Erwachsene im Alter von 23 Jahren «normalisiert» hatten. Das wurde als ein Anzeichen dafür angesehen, daß Jungen nach Verlassen der Schule eine erheblich größere Freiheit haben, ihre eigene soziale und materielle Umgebung zu wählen. In zweierlei Hinsicht aber erging es den früheren Opfern viel schlechter als den nicht gemobbten Gleichaltrigen: Sie waren in der Regel eher niedergeschlagen und hatten ein schwächeres Selbstwertgefühl. Das Muster dieser Befunde läßt eindeutig erkennen, daß dies eine Folge ihrer früheren ständigen Opferrolle war, die auf diese Weise Wunden in ihrer Seele hinterlassen hatte.

Was charakterisiert den typischen Gewalttäter?

Ein kennzeichnendes Merkmal des typischen Gewalttäters oder der Gewaltanwenderin ist die Aggressivität gegenüber Gleichaltrigen. Das ist in der Definition des Gewalttäters impliziert. Aber Gewalttäter und Gewalttäterinnen sind auch oft gegen Erwachsene aggressiv, sowohl gegen Lehrer und Lehrerinnen als auch gegen Eltern. Allgemein haben Gewalttäter eine positivere Einstellung zu Gewalt und der Anwendung von gewaltsamen Mitteln als Schulkinder im allgemeinen.

Außerdem zeichnen sie sich oft durch Impulsivität aus und ein starkes Bedürfnis, Macht über andere auszuüben. Sie haben wenig Mitgefühl mit Opfern von Gewalttätigkeit. Die Gewalttäter und Gewalttäterinnen haben eine vergleichsweise positive Meinung von sich selbst (Olweus, 1973 a, 1978; Björkqvist et al., 1982; Lagerspetz et al., 1982). Sind es Jungen, so sind sie meistens körperlich stärker als Jungen im allgemeinen und als ihre Opfer im besonderen (Olweus, 1978).

Eine von Psychologen und Psychologinnen sowie Psychiatern und Psychiaterinnen allgemein geteilte Meinung ist die, daß Menschen mit aggressivem und rohem Verhaltensmuster «unter der Oberfläche» eher ängstlich und unsicher seien. Die Annahme, daß Gewalttäter im Grunde unsicher seien, wurde in mehreren meiner eigenen Erhebungen untersucht, auch mit Hilfe von «indirekten» Methoden wie Streßhormonen und speziellen Persönlichkeitstests. In den Ergebnissen fand sich nichts, was diese allgemeine Ansicht untermauern könnte. Die Ergebnisse wiesen eher in die entgegengesetzte Richtung: Die Gewalttäter waren ungewöhnlich wenig ängstlich und unsicher, oder sie lagen in dieser Hinsicht etwa beim Durchschnitt (Olweus, 1981, 1984a; siehe auch Pulkkinen & Tremblay, 1992). Sie litten nicht an schwachem Selbstwertgefühl.

Diese Schlußfolgerungen gelten für Gewalttäter als Gruppe (im Vergleich zu Kontrollgruppen mit Jungen und Opfern). Selbstverständlich folgt aus den Ergebnissen nicht, daß es nicht einzelne Gewalttäter und -täterinnen geben kann, die sowohl aggressiv als auch ängstlich sind. Ebenso sollte betont werden, daß es Schüler und Schülerinnen gibt, die bei Gewalttaten mitmachen, aber gewöhnlich nicht die Initiative ergreifen – diese können als *passive Gewalttäter, Mitläufer* oder *Gefolgsleute* bezeichnet werden. Die Gruppe von passiven Gewalttätern und -täterinnen ist wahrscheinlich ziemlich gemischt und kann auch unsichere und ängstliche Kinder enthalten (Olweus, 1973 a, 1978).

Mehrere Erhebungen haben gezeigt, daß Gewalttäter und -täterinnen durchschnittlich oder etwas unterdurchschnittlich beliebt sind (Olweus,

1973 a, 1978; Björnqvist et al., 1982; Lagerspetz et al., 1982; Pulkkinen & Tremblay, 1992). Oft sind sie von einer kleinen Gruppe von zwei bis drei Freunden und Freundinnen umgeben, die sie unterstützen und die sie zu mögen scheinen (siehe auch Cairns et al., 1988). Die Beliebtheit von Gewalttätern nimmt jedoch in den Oberklassen ab und liegt erheblich unter dem Durchschnitt in Klasse 9 (Olweus, unveröffentlicht c). Trotzdem scheint der Gewalttäter oder die Gewalttäterin in seiner und ihrer Beliebtheit nicht so niedrig zu liegen wie das Gewaltopfer.

Insgesamt kann der typische Gewalttäter als einer oder eine beschrieben werden, der oder die ein *aggressives Reaktionsmuster* (bei Jungen) *mit körperlicher Stärke verbindet.*

Die bisher vorliegenden Forschungsergebnisse lassen vermuten, daß es – vor allem bei männlichen Tätern, die besser untersucht sind – *drei* (zum Teil miteinander verknüpfte) *Motive für Gewaltanwendung* gibt: (1) Die Täter haben ein starkes Bedürfnis nach Machtausübung und Herrschaft über andere und genießen es, andere zu kontrollieren und zu unterwerfen. (2) Die familiären Bedingungen, unter denen viele von ihnen heranwachsen (s.u.), lassen vermuten, daß sie gegenüber ihrer Umgebung Feindseligkeit entwickeln; solche Gefühle und Impulse führen wohl dazu, daß es sie befriedigt, andere zu beleidigen und zu quälen. (3) Schließlich gibt es eine «instrumentelle Komponente» in ihrem Verhalten: Die Gewalttäter zwingen ihre Opfer öfters, ihnen Geld, Zigaretten, Bier oder andere für sie wertvolle Dinge zu beschaffen (siehe auch Patterson, Littman & Bricker, 1967). Außerdem wird aggressives Verhalten in vielen Situationen mit Prestige belohnt (z. B. Bandura, 1973).

Gewalttätigkeit kann auch als eine *Komponente eines allgemeineren sozialfeindlichen und gesetzesbrechenden («verhaltensgestörten») Verhaltensmusters* angesehen werden. Aus dieser Sicht kann man leicht vorhersagen, daß Jugendliche, die aggressiv sind und anderen gegenüber Gewalt anwenden, ein deutlich erhöhtes Risiko laufen, später in weitere Problembereiche wie Kriminalität und Alkoholmißbrauch zu geraten. Mehrere neue Erhebungen bestätigen diese allgemeine Prognose (z.B. Loeber & Dishion, 1983; Magnusson et al., 1983).

In meinen eigenen Folgestudien wurde diese Annahme deutlich gestützt. Etwa 60 Prozent der Jungen, die in den Klassen 6 bis 9 als Gewalttäter charakterisiert wurden, waren mindestens einmal bis zum Alter von 24 Jahren straffällig geworden und verurteilt worden. Noch dramatischer sieht es für 35 bis 40 Prozent der früheren Gewalttäter aus, die drei- oder mehrfach wegen Straftaten bis zum Alter von 24 Jahren verurteilt worden waren, während nur 10 Prozent der Jungen der Kontrollgruppe verurteilt worden waren (jene, die weder Gewalttäter noch

Gewaltopfer in den Klassen 6 bis 9 gewesen waren). So waren frühere Gewalttäter aus der Schule als junge Erwachsene viermal häufiger wegen relativ schwerer Wiederholungstaten bestraft worden. Dagegen kann gesagt werden, daß die früheren Gewaltopfer als junge Erwachsene durchschnittlich oder unterdurchschnittlich straffällig geworden waren.

Körperliche Schwäche und Stärke

Unter Jungen spielt die körperliche Stärke oder Schwäche eine wesentliche Rolle bei der Gewalttätigkeit. Wie vorher gesagt, haben die Opfer als Gruppe genommen eine deutlich unterdurchschnittliche Körperkraft. Gewalttäter auf der anderen Seite haben häufig eine größere Körperkraft als der Durchschnittsjunge und vor allem als das Opfer (Olweus 1973 a, 1978). Dieser Befund hat sich bestätigt bei Jungen im Stadtbereich von Groß-Stockholm und bei Jungen in einer finnischen Erhebung (Lagerspetz et al., 1982).

Hieraus folgt nicht, daß starke Jungen unbedingt ihre körperliche Überlegenheit zur Gewalttätigkeit gegenüber anderen ausnutzen. Tatsächlich sagen unsere Forschungsergebnisse eher aus, daß ein geringer Zusammenhang zwischen Körperkraft und Aggression besteht: Ein ziemlich großer Teil der starken Jungen ist danach nicht aggressiv. Was den *Gewalttätigen* (Jungen) jedoch auszeichnet, ist die *Kombination eines aggressiven Reaktionsmusters und körperlicher Stärke.* Dementsprechend zeichnet sich das Gewaltopfer durch die Kombination *eines ängstlichen Reaktionsmusters mit körperlicher Schwäche* aus (s. oben).

Wir haben auch festgestellt, daß eine eindeutige Verbindung zwischen Körperkraft und hoher Beliebtheit unter Gleichaltrigen und zwischen körperlicher Schwäche und niedriger Beliebtheit (Olweus, unveröffentlicht c) besteht. Offensichtlich ist körperliche Stärke sehr wichtig für den Grad der Beliebtheit eines Jungen. Und Beliebtheit vermindert in der Regel die Gefahr für einen Jungen, gemobbt zu werden. Außerdem verleiht ihm seine Körperkraft das Mittel zur Selbstverteidigung, wenn er angegriffen werden sollte. Körperkraft funktioniert auf diese Weise wie ein guter Schutz gegen Gewalttätigkeit oder Mobbing.

Diese Ergebnisse gelten für Jungen. Körperkraft spielt wahrscheinlich nicht dieselbe Rolle bei Gewalt unter Mädchen. Es ist bisher nicht klar, ob es irgendeinen anderen Faktor gibt, der für Mädchen eine ähnlich schützende Funktion gegen Gewalt hat.

Ein konkretes Bild

Hier wird in einem zusammenfassenden Bild beschrieben, wie sich Gewalttäter-/Gewaltopfer-Probleme unter den Jungen in einer Klasse entwickeln können. Es basiert auf breit angelegter Forschungsarbeit, über die in dem Buch *Aggression in den Schulen: Gewalttäter und Prügelknaben* (Olweus, 1978) berichtet wird.

«Unter den Jungen einer Klasse gibt es immer Auseinandersetzungen und Spannungen verschiedener Art. Gewöhnlich finden auch viele leichtere aggressive Interaktionen statt, teils aus Spaß, teils als eine Form der Selbstbestätigung und um die Kräfteverhältnisse der Jungen untereinander auszuprobieren. Wenn ein potentieller Gewalttäter (oder mehrere) in einer solchen Gruppe vorhanden ist, wird das die Aktivitäten der Jungen beeinflussen. Die Interaktionen werden grober, heftiger und gewaltsamer sein. Das zornige Temperament des Gewalttäters, sein ausgeprägtes Bedürfnis, sich zu behaupten, andere zu beherrschen und zu unterwerfen, werden stark hervortreten. Selbst kleinere Mißgeschicke und Mißerfolge führen zu heftigen Reaktionen, die oft aggressive Formen annehmen, weil er dazu neigt, gewaltsame Mittel im Konflikt einzusetzen. Aufgrund seiner Körperkraft sind die aggressiven Angriffe des Gewalttäters oft unangenehm und schmerzhaft für die anderen. Auch wenn er am liebsten die schwächeren Jungen angreift, die er mit Sicherheit besiegt, fürchtet er sich nicht, Kämpfe mit anderen Jungen in der Klasse aufzunehmen. Im allgemeinen fühlt er sich eher gestählt und voller Selbstvertrauen.

Wenn es zusätzlich in der Klasse einen potentiellen passiven Prügelknaben gibt (Opfer) – ängstlich, unsicher, der sich fürchtet, selbstbewußt und aggressiv aufzutreten, und der auch oft körperlich schwach ist –, wird er bald vom Gewalttäter entdeckt werden. Er ist das schwache Glied in der Kette, derjenige, der nicht zurückschlägt, wenn er angegriffen wird, der Angst bekommt und vielleicht weint, der nicht willens oder in der Lage ist, Angriffe selbst von ziemlich harmlosen Angreifern abzuwehren. Im allgemeinen lehnt er es ab, an rauhen Spielen mit anderen Jungen der Klasse teilzunehmen. Er fühlt sich eher einsam und ausgegrenzt.

Für einen Jungen mit Neigung zu Gewalttätigkeit ist der potentielle Prügelknabe ein ideales Ziel. Seine Ängstlichkeit, seine Wehrlosigkeit und sein Weinen geben dem Gewalttäter ein ausgeprägtes Überlegenheits- und Machtgefühl, auch eine Art der Befriedigung vager Racheimpulse.

Aber der Gewalttäter möchte gewöhnlich, daß die anderen mit ihm mitmachen; er verleitet bald seine engsten Freunde, auf dem Prügelknaben herumzuhacken. Es gibt immer etwas am Aussehen, an der Kleidung, an den Manieren des Prügelknaben auszusetzen. Oft ist es auch genauso vergnüglich für den Gewaltanwender mitanzusehen, wie die anderen Jungen den Prügelknaben quälen, wie wenn er selbst es täte. Und im übrigen hält er sich den Rückzug offen, falls es unangenehme Folgen haben sollte. Aber die Erwachsenen in der Schule beachten den Unsinn häufig gar nicht, oder sie sind nicht in der Nähe und überlassen den Jungen die Regelung ihrer Konflikte selbst. Der Prügelknabe scheint seinen Eltern nicht viel davon zu erzählen. Hin und wieder beteiligen sich auch andere Jungen in der Klasse an der Quälerei und Hänselei des Prügelknaben. Er ist ein problemloses Ziel für Angriffe: Jeder weiß, daß er schwach ist und nicht zurückzuschlagen wagt, und keiner der stärkeren Jungen in der Klasse steht ihm bei. Wenn einige der harten Jungen in der Klasse ihn angegriffen haben, kann es kaum falsch sein, ihn auch ein bißchen zu drangsalieren. Schließlich ist er ein ziemlich elendes und wertloses Geschöpf, fast verdient er es, geschlagen zu werden. Allmählich wird der Prügelknabe immer weiter von seinen Altersgenossen ausgegrenzt. Sein ohnehin schon niedriger Status in der Gruppe der Gleichaltrigen wird weiter durch die offenen Hänseleien und Angriffe beschädigt: Für jedermann ist zu erkennen, daß er ein Taugenichts ist. Es sieht so aus, als ob einige der Jungen befürchten, ihren eigenen Status zu mindern oder Verachtung und Mißbilligung auf sich zu ziehen, wenn sie mit dem Prügelknaben zusammen sind. Einige mögen sogar Angst haben, genauso zu enden. Schließlich ist er ganz isoliert.»

Unter welchen Erziehungsbedingungen werden Kinder aggressiv?

Angesichts der Charakterisierung von Gewalttätern, die ein aggressives Reaktionsmuster haben – das heißt, sie zeigen in vielen verschiedenen Situationen ein aggressives Verhalten –, wird es wichtig, die Frage zu untersuchen: Welche Art von Erziehung oder welche anderen Bedingungen in der Kindheit führen zur Entwicklung eines aggressiven Reaktionsmusters?

Im wesentlichen wurden *vier* Faktoren gefunden, die besonders wichtig sind (hauptsächlich basierend auf Forschungsarbeiten mit Jungen; Einzelheiten siehe Olweus, 1980; Loeber & Stouthamer-Loeber, 1986).

1. Sehr wichtig ist die emotionale Grundeinstellung der Eltern, hauptsächlich die der ersten Bezugsperson (gewöhnlich die Mutter) gegen-

über dem Jungen, vielleicht besonders die emotionale Einstellung während seiner frühen Kindheitsjahre. Eine negative Grundeinstellung, die charakterisiert ist durch fehlende Wärme und Anteilnahme, erhöht deutlich das Risiko, daß der Junge sich später gegenüber anderen aggressiv und feindlich entwickeln wird.

2. Ein wichtiger Faktor ist das Ausmaß der dem Kind bei aggressivem Verhalten von der ersten Bezugsperson entgegengebrachten Toleranz und Liberalität. Wenn die Bezugsperson allgemein freizügig und «tolerant» ist, ohne dem aggressiven Verhalten gegenüber Gleichaltrigen, Geschwistern und Erwachsenen Grenzen zu setzen, wird das aggressive Verhalten des Kindes wahrscheinlich zunehmen.
   Wir können diese Ergebnisse (1.+2.) so zusammenfassen und sagen, daß *zuwenig Liebe und Fürsorge und zuviel «Freiheit» in der Kindheit* Vorbedingungen dafür sind, daß sich ein aggressives Reaktionsmuster stark ausprägen kann.

3. Ein weiterer Faktor für die Steigerung kindlicher Aggressionen wurde in der Anwendung von *«machtbetonten» Erziehungsmethoden durch die Eltern gefunden wie z. B. körperliche Züchtigung und heftige Gefühlsausbrüche der Eltern.* Dieser Befund stützt die Vorstellung, daß «Gewalt Gewalt erzeugt». Es ist wichtig, dem Verhalten des Kindes klare Grenzen zu setzen und ihm bestimmte Regeln aufzuerlegen, aber das sollte nicht mit Anwendung von körperlicher Züchtigung und ähnlichem geschehen.

4. Schließlich spielt auch das Temperament des Kindes eine Rolle in der Entwicklung aggressiver Reaktionsmuster. Ein Kind mit einem aktiven und «hitzköpfigen» Temperament wird sich eher zu einem aggressiven Jugendlichen entwickeln als ein Kind mit einem normalen oder eher ruhigen Temperament. Die Auswirkung dieses Faktors ist kleiner als die der ersten beiden vorgenannten Bedingungen.

Dieses sind allgemeine Aussagen. In einzelnen Fällen können andere Faktoren eine Schlüsselrolle gespielt haben, dann kann das Kausalmuster zum Teil anders aussehen. Dennoch lassen sich aufgrund dieser Ergebnisse in Kombination mit anderen Forschungsergebnissen über Kindheitsbedingungen folgende wichtige Schlußfolgerungen ziehen:

Liebe und Anteilnahme der Person(en), die ein Kind erzieht(en), deutliche Grenzen, was erlaubt ist und was nicht, und Anwendung nichtkörperlicher Methoden der Kindererziehung schaffen harmonische und unabhängige Kinder.

Diese Schlußfolgerung gilt wahrscheinlich sowohl für Jungen als auch für Mädchen, und die beschriebenen Faktoren sind sowohl für jüngere als auch für ältere Kinder wichtig. Wenn Kinder dann zu Teenagern erwachsen, ist es zusätzlich wichtig, daß die Eltern versuchen, die Aktivitäten des Kindes außerhalb der Schule so gut wie möglich zu beaufsichtigen und zu sehen, was er/sie tut und wer seine/ihre Freunde sind (Patterson, 1982; Patterson & Stouthamer-Loeber, 1984). Die meisten unerwünschten Aktivitäten einschließlich Gewalttätigkeiten und gesellschaftsfeindlichen und kriminellen Verhaltens finden in der Regel statt, wenn die Eltern nicht wissen, was ihr Kind tut, oder wenn sie oder andere Erwachsene abwesend sind.

Die Erziehungsfaktoren, die bei der Entwicklung eines aggressiven Reaktionsmusters wirken, sind nicht unabhängig von dem Verhältnis der Erwachsenen in der Familie untereinander. Häufige Konflikte, Zwietracht und offene Auseinandersetzungen zwischen den Eltern – ob sie zur Scheidung führen oder nicht – werden unsichere Beziehungen für die Kinder verursachen und zur Anwendung weniger geeigneter Methoden der Kindererziehung führen, wie oben erörtert wurde. Jedenfalls sollten Eltern, um Schaden zu vermeiden, sich beherrschen und das Kind nicht als Verbündeten in Auseinandersetzungen mit der anderen Partei einbeziehen. Einige Forschungsergebnisse zeigen, daß die negativen Auswirkungen geringer sind, wenn die Eltern Konflikte unter vier Augen austragen, als wenn sie sich in Gegenwart des Kindes abspielen (Emery, 1982).

Es ist auch interessant festzustellen, welche Faktoren *nicht im Zusammenhang stehen* mit dem Aggressionsniveau von Jungen in den vorgenannten Erhebungen. *Die sozioökonomischen Bedingungen der Familie,* einschließlich der Höhe des Einkommens, der Dauer der elterlichen Erziehung und des Wohnstandards sind solche Faktoren. Es gibt aggressive (und nichtaggressive) Schüler und Schülerinnen im gleichen Verhältnis in allen Gesellschaftsklassen, und dasselbe gilt für Schüler und Schülerinnen, die Opfer sind (Olweus, 1978, 1981). Dementsprechend ist es nicht möglich, die Tatsache, daß ein Schüler oder eine Schülerin Gewalttäter oder Gewaltopfer ist, als eine Folge schlechter sozioökonomischer Bedingungen der Familie und der vier Faktoren der Kindererziehung, die oben genannt wurden (1980), zu interpretieren. Der Anteil an «guten» (und weniger «guten») Eltern war etwa derselbe auf allen sozioökonomischen Ebenen. – Es muß deutlich festgestellt werden, daß das Fehlen einer Beziehung zu sozioökonomischen Bedingungen zu einem gewissen Grade die Folge der relativen Gleichartigkeit der skandinavischen Länder in dieser Hinsicht ist. Dementsprechend ist es sehr wohl möglich, daß Erhebungen in anderen

Ländern mit größeren sozioökonomischen Ungleichheiten, zum Beispiel USA oder England, etwas stärkere Beziehungen zwischen dem Vorkommen von kindlichen Gewalttäter-/Gewaltopfer-Problemen und den sozioökonomischen Bedingungen in der Familie aufweisen.

Wir haben bisher noch keine sehr eingehenden Analysen der Erziehungsmethoden durchgeführt, die für die Entstehung der Opferproblematik erheblich sind (aber siehe Olweus, 1993). Es gibt jedoch keinen Hinweis dafür, daß die typisch passiven Opfer Mangel an Liebe oder Zuwendung gelitten haben. Zum Beispiel zeigen die oben erwähnten Ergebnisse, daß die Opfer ihren Eltern (Müttern) näher standen und positivere Beziehungen zu ihnen hatten, als es Schüler (Jungen) im allgemeinen haben. Um aber die Gefahr zu mindern, daß ein ängstliches und unsicheres Kind sich zu einem Opfer entwickelt, ist es wichtig, daß die Eltern versuchen, dem Kind zu größerer Unabhängigkeit, größerem Selbstvertrauen und zu der Fähigkeit zu verhelfen, sich gegenüber Gleichaltrigen durchzusetzen. Diese Gedanken werden weiter ausgeführt in Teil II des Buches.

Gruppenmechanismen

Um Gewalttätigkeit zu verstehen, ist es erforderlich, die wesentlichen Merkmale der Schüler und Schülerinnen zu kennen, die entweder Gewalttäter oder Gewaltopfer sind. Wir haben schon mehrere dieser Merkmale, die als wichtig erachtet werden müssen, erörtert. Aber weil Gewalttätigkeit auch ein Gruppenphänomen ist, wollen wir kurz einige Reaktionsmechanismen ansprechen, die wahrscheinlich wirksam werden, wenn mehrere einzelne an der Gewalttätigkeit beteiligt sind (siehe auch Olweus 1973 a, 1978).

Viele Erhebungen haben gezeigt, daß sowohl Kinder als auch Erwachsene sich aggressiver verhalten, wenn sie einen anderen, ein «Vorbild», bei gewalttätigem Verhalten beobachtet haben. Die Wirkung wird stärker sein, wenn der Beobachter das Vorbild positiv einschätzt, zum Beispiel, wenn er ihn/sie als hart, furchtlos und stark ansieht.

Selbstverständlich lassen sich diese Ergebnisse auf die Gewalttäter-/Gewaltopfer-Situation übertragen, wobei der Gewalttätige als Rollenvorbild handelt. Jene, die am meisten durch eine solche Vorbildwirkung beeinflußt werden, sind wahrscheinlich Schüler und Schülerinnen, die selbst etwas unsicher und abhängig sind (passive Gewalttäter, Mitläufer), die keinen natürlichen Status unter den Gleichaltrigen haben und die sich selbst bestätigen möchten. Der Begriff *«soziale Ansteckung»* wurde für diesen Wirkungszusammenhang verwendet.

Ein weiterer und eng verbundener Mechanismus ist das *Nachlassen der Kontrolle oder der Hemmungen gegen aggressive Tendenzen.* Diese Reaktion erfolgt nach dem Hauptprinzip, daß, wenn ein Beobachter das Rollenvorbild für aggressives Verhalten «belohnt» sieht, seine eigenen «Hemmungen» (d.h. normale Blockierungen und Kontrollen) gegen die eigene Aggressivität dadurch geschwächt werden. Umgekehrt setzen negative Folgen für das Vorbild oft die hemmenden Kräfte im Beobachter frei und verstärken diese. In einer Gewalttäter-/Gewaltopfer-Situation kann dieser Reaktionsmechanismus in folgender Weise ablaufen: Das Vorbild (d.h. der/die Gewalttätige) wird gewöhnlich mit seinem oder ihrem «Sieg» über das Opfer belohnt. Außerdem wird es nur in einem sehr begrenzten Ausmaß mit negativen Folgen für ein solches Verhalten von seiten der Lehrkräfte, Eltern oder Gleichaltrigen bestraft. Alle diese Faktoren wirken zusammen, schwächen die Kontrollmechanismen gegen aggressive Tendenzen bei «neutralen» Schülern/Beobachtern und können dazu beitragen, daß diese bei Gewalttätigkeiten mitmachen. – Es ist wichtig, daß Erwachsene und Gleichaltrige bei sich abspielenden Gewaltsituationen einschreiten und damit in Kenntnis der beschriebenen Reaktionsmechanismen den Ablauf der Kette unterbrechen.

Es gibt noch einen dritten Faktor, der zur Erklärung der Gründe beitragen kann, warum bestimmte Schüler und Schülerinnen, die gewöhnlich nett und nicht aggressiv sind, manchmal bei Gewalttaten mitmachen, ohne dabei an Böses zu denken: *Ein abgeschwächtes Gefühl individueller Verantwortlichkeit.* Aus der Sozialpsychologie ist gut bekannt, daß eine einzelne Person das Gefühl ihrer eigenen Verantwortlichkeit für eine negative Handlung wie Gewalttätigkeit als erheblich vermindert empfinden kann, wenn mehrere Personen daran teilnehmen. Diese *«Unschärfe» in der Abgrenzung oder «Verwässerung» der Verantwortlichkeit* führt auch dazu, daß nach dem Zwischenfall die Schuldgefühle geringer sind.

Im Laufe der Zeit können dann *Änderungen* in der *Wahrnehmung des Opfers* bei den Mitschülern und -schülerinnen auftreten. Als Ergebnis wiederholter Angriffe und herabsetzender Bemerkungen wird das Opfer nach und nach als ein eher wertloser Mensch wahrgenommen werden, der fast dazu auffordert, «zusammengeschlagen» zu werden, und es verdient, daß man ihn quält. Eine derart veränderte Wahrnehmung trägt auch dazu bei, daß sich mögliche Schuldgefühle beim Gewalttäter und der Gewalttäterin abschwächen.

Andere Faktoren

Breit angelegte internationale Forschung läßt erkennen, daß Kinder und Teenager, die viel Gewalt im Fernsehen, auf Videos und im Film sehen, oft aggressiver werden und weniger Mitleid mit Opfern von Aggressionen haben (Pearl et al., 1982; Eron & Huesman, 1986). Obwohl in keiner Erhebung direkt untersucht wurde, welches die möglichen Auswirkungen der Medien auf Gewalttätigkeit sind, ist es aufgrund der bisher vorliegenden Befunde berechtigt anzunehmen, daß die Medien zumindest zu einem gewissen Grad die Häufigkeit von Gewalt durch solche Programme fördern. Erbliche Faktoren können auch zur Entwicklung von aggressiven und ängstlichen Reaktionsmustern beitragen, zum Beispiel das Temperament des Kindes (Olweus 1980, 1984b). Solche Faktoren spielen jedoch wahrscheinlich eine geringe und nur mittelbare Rolle.

Der vorhergehende Überblick über die Faktoren, die die Entwicklung und das Fortbestehen der Gewaltprobleme beeinflussen, beansprucht nicht, unseren gegenwärtigen Kenntnisstand erschöpfend wiederzugeben. Auch dürfen wir damit rechnen, daß die großangelegten norwegischen und schwedischen Erhebungen, die wir gegenwärtig noch analysieren, neue Einsichten und weitere Erkenntnisse über bestimmte Aspekte des Problems liefern werden. Doch es besteht kein Zweifel, daß unser gegenwärtiges Wissen über Gewalttätigkeit und Gegenmaßnahmen sehr wohl ausreicht, um mit Hilfe einer systematischen Intervention einen Anfang zu machen.

Ein weiterer Ausblick auf das Gewalttäter-/Gewaltopfer-Problem

In unseren Erhebungen stellten wir große Unterschiede im Ausmaß des Gewaltproblems unter den Schulen fest. In einigen Schulen war die Gefahr, Opfer von Gewalttätigkeit zu werden, vier- bis fünfmal größer als in anderen Schulen innerhalb derselben Gemeinde. Allgemeiner gesagt, können solche Unterschiede zwischen Schulen oder Gebieten bezüglich der Häufigkeit des Gewaltproblems als ein Spiegel der Wechselwirkung zwischen zwei Bündeln von entgegenwirkenden Faktoren angesehen werden: Einige Bedingungen schaffen und vergrößern tendenziell Gewaltprobleme, während andere Faktoren steuernde oder gewaltschwächende Wirkungen haben. Unter den Faktoren, die Gewalttätigkeit oder Aggression hervorrufen, sind besonders wichtig ungünstige Kindheitsbedingungen im allgemeinen und bestimmte Formen der Kindererziehung und familiäre Probleme im besonderen. Natürlich setzt man voraus, daß Schulen mit hohem Gewaltaufkommen in Gegenden gelegen sind, in denen verhältnismäßig viele Kinder eine «ungenügende Erziehung» genießen und vielen Familienproblemen ausgesetzt sind. Eine ungenügende Erziehung hat unter anderem zur Folge, daß das Kind zuwenig Liebe, Zuwendung und Aufsicht erhält und daß die Bezugsperson des Kindes dem kindlichen Verhalten (siehe oben) keine klaren Grenzen setzt. Familienprobleme können konfliktgeladene zwischenmenschliche Beziehungen der Eltern, Scheidung, psychiatrische Krankheiten, Alkoholismus usw. umfassen.

Der Grad der Gewaltprobleme, der sich bei den Schülern einer Schule zeigt, hängt jedoch nicht nur von der Anzahl der aggressionsverursachenden Faktoren auf diesem Gebiet ab. Er ist auch stark bedingt durch die Stärke der entgegenwirkenden Kräfte. Die Einstellungen, Routinen und Verhaltensweisen des Schulpersonals, besonders die der Lehrkräfte, sind entscheidende Faktoren für die Vorbeugung und Steuerung von Gewalttätigkeit wie auch für die Umleitung solcher Verhaltensweisen in sozial besser tolerierte Kanäle. Diese Verallgemeinerung wird zum Beispiel vom negativen Zusammenhang zwischen der Lehrerdichte in der Pause und der Häufigkeit der Gewaltprobleme in den Schulen von Bergen, wie oben berichtet (siehe auch Teil III), gestützt.

Außerdem können die Einstellungen und Verhaltensweisen der Schüler und Schülerinnen selbst wie auch die ihrer Eltern eine bedeutende Rolle bei der Zurückdrängung der Gewaltprobleme in der Schule spielen. Es ist klar, daß in einer Situation, in der diese Probleme schon bestehen, die Reaktionen solcher Schüler und Schülerinnen, die nicht an Gewalttätigkeiten teilnehmen, die kurz- oder langfristige Entwicklung des Gewaltproblems stärker beeinflussen können (siehe weiteres über geeignete Gegenmaßnahmen unten).

Eine Frage demokratischer Grundrechte

Die dargestellten Ergebnisse zeigen überzeugend, daß Gewalt ein erhebliches Problem in skandinavischen Grundschulen und in den unteren Klassen der weiterführenden Schule ist, daß die Lehrkräfte (etwa 1983) ziemlich wenig dagegen unternommen haben und daß die Eltern zu wenig über die Umstände wissen, denen ihre Kinder ausgesetzt sind

oder an denen sie in der Schule beteiligt sind. Die Opfer von Gewalttätigkeiten sind eine große Gruppe von Schülerinnen und Schülern, die weitgehend von der Schule vernachlässigt werden. Wir wissen, daß viele dieser Jugendlichen über lange Zeit gezielt gemobbt werden, oft mehrere Jahre lang (Olweus, 1977, 1978). Es verlangt nicht viel Vorstellungskraft zu begreifen, was es heißt, die Schulzeit *in einem Zustand mehr oder minder großer ständiger Angst und Unsicherheit und mit geringem Selbstwertgefühl* zu erleben. Es überrascht nicht, daß in manchen Fällen die Selbstabwertung der Opfer die Oberhand gewinnt und sie im Selbstmord dann die einzig mögliche Lösung sehen.

Die Gewaltprobleme haben sogar noch weitergehende Auswirkungen auf die eben vorgestellten. Sie betreffen wirklich einige unserer *fundamentalen demokratischen Grundsätze: Jeder einzelne sollte das Recht haben, frei von Bedrängnis und wiederholter absichtlicher Erniedrigung sowohl in der Schule als auch in der Gesellschaft überhaupt zu leben.* Kein Schüler dürfte Angst haben müssen, in die Schule zu gehen, aus Furcht vor Drangsal und Erniedrigung. Keine Eltern sollten sich Sorgen machen müssen, daß so etwas ihrem Kind widerfährt.

Gewalttäter-/Gewaltopfer-Probleme stehen auch im Zusammenhang mit der allgemeinen Einstellung der Gesellschaft gegenüber Gewalt und Unterdrückung. Welche Auffassung von den gesellschaftlichen Werten wird ein Schüler übernehmen, der wiederholt von anderen Schülern gemobbt wird, ohne daß Erwachsene eingreifen? Dieselbe Frage kann man im Hinblick auf Schüler stellen, die über einen langen Zeitraum andere Schüler drangsalieren konnten, ohne daß Erwachsene sie daran gehindert hätten. Wer es unterläßt, aktiv Gegenmaßnahmen bei Gewaltproblemen in der Schule zu ergreifen, billigt sie stillschweigend.

In diesem Zusammenhang sollte betont werden, daß es auch im Interesse der aggressiven Schüler von großer Bedeutung ist, diesen Problemen entgegenzuwirken. Wie berichtet wurde, werden Schultyrannen viel wahrscheinlicher als andere Schüler den eingeschlagenen asozialen Weg fortsetzen. Daher sollte unbedingt versucht werden, sie in ihrer Gewalttätigkeit aufzuhalten und ihre Aktivitäten in gesellschaftlich tolerierte Kanäle umzuleiten. Es gibt keinen Beweis dafür, daß eine allgemein «tolerante» und permissive Einstellung der Erwachsenen gegenüber aggressiven Kindern diesen helfen wird, ihre gesellschaftsfeindlichen Verhaltensmuster abzulegen.

Porträtskizzen von Henry und Roger, einem Gewaltopfer und einem Gewalttäter

Henry war ein stiller und empfindsamer 13jähriger Junge in der 7. Klasse. Mehrere Jahre lang war er hin und wieder von einigen seiner Klassenkameraden drangsaliert und angegriffen worden. Unter ihnen waren zwei, die ihn besonders hartnäckig zu erniedrigen und zu peinigen versuchten. Während der vergangenen Monate waren ihre Angriffe häufiger und heftiger geworden, aus welchen Gründen auch immer. Henrys Alltag war voller unangenehmer und erniedrigender Vorkommnisse. Seine Bücher wurden vom Tisch gefegt und über den ganzen Fußboden verstreut, seine Peiniger zerbrachen seine Bleistifte und warfen Gegenstände nach ihm, sie lachten laut und häßlich, wenn er gelegentlich auf die Fragen des Lehrers oder der Lehrerin antwortete. Sogar in der Klasse wurde er oft bei seinem Spitznamen «der Wurm» gerufen.

Meistens reagierte Henry nicht. Er saß nur ausdrucklos an seinem Tisch und wartete ergeben auf den nächsten Angriff. Der Lehrer oder die Lehrerin sah gewöhnlich in die andere Richtung, wenn die Quälerei vor sich ging. Mehrere von Henrys Klassenkameraden hatten Mitleid mit ihm, aber keiner machte einen ernsthaften Versuch, ihn zu verteidigen.

Einen Monat früher war Henry gezwungen worden, sich voll bekleidet unter eine laufende Dusche zu stellen. Seine Peiniger hatten ihn auch mehrfach unter Drohungen gezwungen, ihnen Geld zu geben und Zigaretten für sie im Supermarkt zu stehlen. Eines Nachmittags, als sie ihn gezwungen hatten, sich in die Abflußrinne des Urinals in der Schule zu legen, ging Henry still nach Hause, suchte sich eine Packung Schlaftabletten im Badezimmer und schluckte eine Handvoll dieser Tabletten hinunter. Später an diesem Nachmittag fanden Henrys Eltern ihn bewußtlos, aber lebend auf dem Sofa im Wohnzimmer. In einem Brief auf seinem Schreibtisch sagte er ihnen, daß er die Gewalttätigkeiten nicht mehr ertragen könne, er fühle sich völlig wertlos und glaube, daß die Welt ohne ihn besser dastünde.

Henrys Eltern waren zutiefst schockiert durch seinen Selbstmordversuch. Obwohl sie bemerkt hatten, daß Henry morgens oft zu Hause bleiben und nicht in die Schule gehen wollte, weil er Bauchschmerzen hatte, und sie vage vermuteten, daß er in der Schule nicht gut zurechtkam, hatten sie keine Vorstellung von dem, was ihm täglich in der Schule widerfuhr. Und Henry widerstrebte es, ihnen seine Lage zu erzählen. Er wollte ihnen keine Sorgen machen. Außerdem fürchtete er, daß die Quälereien noch schlimmer werden würden, wenn seine Eltern davon in der Schule erst Aufhebens machten.

Der tatkräftigste von Henrys Tyrannen, Roger, war den Lehrern und Lehrerinnen in der Schule als ein harter und aggressiver Junge bekannt. Er griff nicht nur oft andere Kinder in der Schule an und unterdrückte sie. Er war auch unverschämt und widerspenstig gegenüber Erwachsenen und besonders gegenüber Lehrerinnen, mit denen er so wenig wie möglich zu tun haben wollte.

Wenn ein Lehrer oder eine Lehrerin gelegentlich versuchte, ihn wegen seines Verhaltens auf dem Spielplatz zurechtzuweisen, gelang es Robert sehr geschickt, sich selbst aus der Situation herauszureden, indem er die Schuld auf seine Opfer oder auf andere Gleichaltrige schob. Der Klassenlehrer hatte einmal einen halbherzigen Versuch unternommen, Rogers gewalttätiges Verhalten mit dessen Eltern zu erörtern, aber er fand wenig Gehör bei ihnen. Rogers Vater, ein erfolgreicher Autohändler, und auch seine Mutter, die als Sekretärin beim Direktor eines großen Industrieunternehmens arbeitete, zeigten wenig Verständnis für die Klagen. Ihre Antwort war im Grunde, daß «Jungen Jungen sind und es für sie nur gesund sein kann zu erfahren, was Leben heißt; wir können nicht Babysitter für ein 13jähriges Kind sein».

Die Beziehung zwischen Rogers Vater und seiner Mutter war ziemlich stürmisch mit häufigen Streitigkeiten und Auseinandersetzungen, besonders während Rogers früher Kindheit. Keiner seiner Elternteile hatte sich viel um ihn gekümmert, als er Kind war, beide waren stark mit ihren eigenen beruflichen Karrieren beschäftigt. Roger wurde oft mit Gleichaltrigen alleingelassen, nicht von Erwachsenen beaufsichtigt und entwickelte ein machtorientiertes und aggressives Verhaltensmuster schon in früher Kindheit. In der Grundschule waren Rogers Schulleistungen etwa durchschnittlich, aber in den Unterstufenklassen der weiterführenden Schule zeigte er immer weniger Interesse an seinen Schularbeiten; seine Leistungen wurden langsam aber sicher schlechter. Während dieser Jahre begann er, sich auch mit etwas älteren Jugendlichen in der Nachbarschaft zusammenzutun, die oft betrunken waren und kleine Straftaten verübten.

Mit 17 Jahren wurden Roger und ein anderer Junge bei dem Versuch gefaßt, in einen Supermarkt einzubrechen, um Bier und Zigaretten zu stehlen. Ein Jahr später wurde er wegen schwerer Körperverletzung verurteilt. Zusammen mit seinem Mittäter hatte er einen anderen Jungen nach einem Tanzabend in einer Diskothek niedergeschlagen und mißhandelt. Unter anderem hatte Roger den Jungen mehrfach in den Rücken getreten, während dieser auf dem Boden lag; das Opfer erlitt dabei einen Nierenriß.

Mit 23 Jahren war Roger schon viermal verurteilt worden. Er war Vater zweier kleiner Kinder, die beide nichtehelich geboren waren und bei ihren Müttern lebten. Nachdem er von der Schule abgegangen war, hatte Roger verschiedene Jobs angefangen, meist als Verkäufer, aber er hat es nirgendwo lange ausgehalten.

*

Obwohl die vorausgehenden Porträtskizzen typische Interaktionsmuster und «Entwicklungswege» vieler Opfer und Gewalttäter zeigen, sollte betont werden, daß diese in mancher Hinsicht etwas ausgefallen sind: Die meisten Opfer begehen keinen Selbstmordversuch, und die meisten frühen Gewalttäter haben auch mit 23 Jahren kein so reichhaltiges Strafregister wie Roger.

Leitfaden zur Identifizierung möglicher Gewaltopfer und -täter

Vor der Beschreibung des Interventionsprogramms gegen Gewalt ist es sinnvoll, eine Anleitung zur Identifizierung von Kindern oder jungen Leuten vorzustellen, die als Täter oder Opfer an diesem Problem beteiligt sein können. Eines oder (gewöhnlich) mehrere der unten aufgeführten Anzeichen können bedeuten, daß ein Schüler oder eine Schülerin wiederholt von Gleichaltrigen gemobbt oder tyrannisiert wird. Andere Anzeichen können darauf hinweisen, daß der Schüler oder die Schülerin selbst einen oder mehrere andere Schüler oder Schülerinnen mobbt. Solche Anzeichen sollten ernstgenommen werden und mit eingehenderer Untersuchung der Situation verfolgt werden. Wenn ein Gewaltproblem vorliegt, sollte mit konsequentem Handeln entsprechend den in Teil II dieses Buches beschriebenen Leitlinien vorgegangen werden.

In einigen der folgenden Abschnitte wird unterschieden zwischen *Primär-* und *Sekundärzeichen.* Diese Unterscheidung kann sinnvoll sein, auch wenn sie nicht immer ganz scharf ist. Im großen und ganzen sind *Primärzeichen unmittelbarer und deutlicher der Gewalttäter-/Gewaltopfer-Situation zuzuordnen.* Sekundärzeichen sind ebenfalls oft ein Hinweis auf eine solche Situation, aber die Verbindung ist nicht so unmittelbar und so stark. Wenn nur sekundäre Anzeichen bei einem Kind vorliegen, ist eine ausführlichere Untersuchung der Situation erforderlich, bevor sichere Schlußfolgerungen gezogen werden können. Was *allgemein als charakteristisch* bezeichnet wird, kann genausogut als sekundäres Anzeichen betrachtet werden. – Primäre Anzeichen sind mit einem schwarzen Stern (✮) und sekundäre Anzeichen sind mit einem weißen Stern (✰) gekennzeichnet.

In diesem Zusammenhang wird die allgemeine Definition für Mobben am Anfang dieses Buches spezifiziert (S. 22) und sollte hier noch einmal gegeben werden: *Ein Schüler oder eine Schülerin wird gemobbt oder tyrannisiert, wenn er oder sie wiederholt und über eine längere Zeit negativen Handlungen durch einen oder mehrere andere Schüler ausgesetzt ist.* Der Gewaltbegriff umfaßt auch ein Ungleichgewicht der Kräfte (ein Ungleichgewicht in der Machtbeziehung): Der Schüler, der den negativen Aktionen ausgesetzt ist, hat Mühe, sich selbst zu wehren, und ist ziemlich hilflos gegenüber dem Schüler oder den Schülern, die ihn tyrannisieren.

Bei der Beurteilung, wie ernsthaft ein bestimmtes Anzeichen zu gewichten ist, muß auch die Häufigkeit, mit der dieses Anzeichen auftritt, berücksichtigt werden. Zum Beispiel werden viele Schüler gelegentlich durch Gleichaltrige gehänselt, aber in der Regel ist das nur ernstzunehmen, wenn es relativ häufig (und auf häßliche Weise) geschieht.

I. Opfer sein – mögliche Anzeichen

A. In der Schule

Primäre Anzeichen

Kinder oder junge Leute, die gemobbt werden, können eines oder (gewöhnlich) mehrere der folgenden Anzeichen aufweisen:

- Sie werden (wiederholt) auf häßliche Weise gehänselt, beschimpft (sie können auch herabsetzende Spitznamen tragen), verhöhnt, herabgesetzt, lächerlich gemacht, eingeschüchtert, entwürdigt, bedroht, herumkommandiert, tyrannisiert, unterdrückt.
- Man macht sich über sie lustig und lacht sie aus in herabsetzender und unfreundlicher Art und Weise.
- Man reitet auf ihnen herum, stößt sie herum, schiebt sie beiseite, pufft sie, schlägt sie, tritt sie (und sie sind nicht fähig, sich selbst angemessen zu wehren).
- Sie werden in «Streitigkeiten» und «Kämpfe» hineingezogen, in denen sie fast wehrlos sind und aus denen sie versuchen, sich zurückzuziehen (vielleicht weinend).
- Ihre Bücher, ihr Geld und anderer Besitz werden ihnen weggenommen, beschädigt oder verstreut.
- Sie haben Prellungen, Verletzungen, Schnitte, Kratzer oder zerrissene Kleidung, für die es keine natürliche Erklärung gibt (und weisen einige der allgemeinen Merkmale auf, die weiter unten unter C aufgeführt sind).

Sekundäre Anzeichen

☆ Sie sind (oft) allein und ausgeschlossen von der Gruppe Gleichaltriger in den Pausen und beim Essen. Sie scheinen keinen einzigen guten Freund oder Freundin in der Klasse zu haben.

☆ Sie werden bei Mannschaftsspielen als letzte ausgewählt.

☆ Sie versuchen, sich in der Pause in der Nähe des Lehrers oder der Lehrerin oder anderer Erwachsener aufzuhalten.

☆ Sie haben Mühe, vor der Klasse zu sprechen und machen einen ängstlichen und unsicheren Eindruck.

☆ Sie scheinen hilflos, unglücklich, deprimiert, den Tränen nahe zu sein.

☆ Sie zeigen eine plötzliche oder allmähliche Verschlechterung ihrer Schulleistungen.

B. Zu Hause

Primäre Anzeichen

✮ Sie kommen aus der Schule nach Hause mit zerrissenen oder unordentlichen Kleidern, beschädigten Büchern (und zeigen einige der Merkmale, die unter C unten aufgeführt sind).

✮ Sie haben Prellungen, Verletzungen, Schnitte, Kratzer, für die sich keine natürliche Erklärung findet (und haben einige der allgemeinen Merkmale, die unter C unten aufgeführt sind).

Sekundäre Anzeichen

☆ Sie bringen keine Klassenkameraden oder andere Gleichaltrige mit nach Hause nach der Schule und verbringen selten Zeit im Haus oder auf dem Spielplatz von Klassenkameraden.

☆ Sie haben vielleicht keinen einzigen guten Freund oder keine Freundin, mit dem oder mit der sie ihre Freizeit verbringen (Spielen, Einkaufen, Sport und Musikunternehmungen, am Telefon schwatzen usw.).

☆ Sie sind selten oder nie zu Parties eingeladen, und ihnen liegt vielleicht auch nicht daran, selbst Parties auszurichten (weil sie damit rechnen, daß niemand kommen will).

☆ Sie scheinen ängstlich oder widerwillig, morgens zur Schule zu gehen, haben keine Appetit, haben häufig Kopf- oder Magenschmerzen (besonders morgens).

- ✰ Sie wählen einen «unlogischen» Weg zur und von der Schule.
- ✰ Sie schlafen unruhig und haben schlechte Träume, weinen vielleicht im Schlaf.
- ✰ Sie verlieren die Lust an Schularbeiten und bekommen schlechtere Zensuren.
- ✰ Sie scheinen unglücklich, traurig, deprimiert zu sein oder zeigen unerwartete Stimmungswechsel mit Gereiztheit und plötzlichen Zornausbrüchen.
- ✰ Sie verlangen oder stehlen zusätzliches Geld von der Familie (um die Tyrannen zu beschwichtigen).

C. Allgemeine Merkmale möglicher Opfer

Tyrannisierte Schüler und Schülerinnen sind oft in Situationen, wie sie beschrieben wurden, und neigen dazu, mehrere der oben aufgeführten spezifischen Reaktionen oder Verhaltensweisen zu zeigen. Außerdem weisen sie wahrscheinlich eines oder mehrere der folgenden allgemeinen Merkmale auf (von denen wir einige schon zuvor erwähnt haben):

- ✰ Sie können körperlich schwächer sein als ihre Altersgenossen (gilt besonders für Jungen).
- ✰ Sie können «Körperangst» haben: Sie fürchten sich, verletzt zu werden oder sich selbst zu verletzen, sind körperlich untüchtig bei Spielen, Sport und Kämpfen; sie haben eine schlechte Körperbeherrschung (das gilt besonders für Jungen).
- ✰ Sie sind vorsichtig, empfindsam, still, zurückgezogen, passiv, untergeordnet und scheu, sie können leicht in Tränen ausbrechen.
- ✰ Sie sind ängstlich, unsicher, unglücklich, besorgt, haben ein negatives Bild von sich selbst (mangelndes Selbstvertrauen); in gewissem Sinne «signalisieren» sie anderen, daß sie wertlos und unzulänglich sind.
- ✰ Sie sind Menschen, die sich nicht wehren, wenn sie angegriffen oder beleidigt werden – sie sind «ein leichtes Ziel».
- ✰ Sie haben Mühe, sich in einer Gruppe Gleichaltriger durchzusetzen, sowohl körperlich als auch mit Worten und in anderer Weise; gewöhnlich sind sie nicht aggressiv, spöttisch oder herausfordernd (aber siehe unter D).

- ☆ Oft haben sie ein besseres Verhältnis zu Erwachsenen (Eltern, Lehrkräfte) als zu Gleichaltrigen.
- ☆ Sie können gut, durchschnittlich oder schlecht in ihren Schulleistungen sein, sie erzielen gewöhnlich (aber nicht unbedingt) schlechtere Zensuren in den Unterklassen der weiterführenden Schulen.

D. Herausfordernde Opfer

Die meisten Opfer (die passiven Opfer, S.40 f.) zeigen eines oder mehrere der allgemeinen Merkmale, die unter Punkt C aufgeführt sind. Wie auf Seite 42 jedoch erläutert, gibt es noch eine weitere Kategorie von Opfern, die herausfordernden Opfer, die eine Kombination von ängstlichen und aggressiven Reaktionsmustern in verschiedener Ausprägung zeigen können. Das Gewalttäter-/Gewaltopfer-Problem bei einem provozierenden Opfer ist oft dadurch gekennzeichnet, daß viele Schüler und Schülerinnen, vielleicht die ganze Klasse, am Mobben beteiligt sein können. Wie ihr eher passives Pendant kann das herausfordernde Opfer körperlich schwächer sein als andere Gleichaltrige (bei Jungen) und «Körperangst» haben. Allgemein ist dieser Typ wahrscheinlich ängstlich, unsicher, unglücklich und besorgt, mit einem negativen Selbstbild. Außerdem können die *herausfordernden Opfer* (die vor allem wahrscheinlich Jungen sind):

- ☆ hitzköpfig und kampfbereit oder mit frechen Antworten zur Stelle sein, wenn sie angegriffen oder beleidigt werden, aber gewöhnlich ohne große Wirkung.
- ☆ hyperaktiv, rastlos, unkonzentriert und allgemein angriffslustig sein und Spannung erzeugen; sie können ungeschickt und unreif mit ärgerlichen Angewohnheiten sein.
- ☆ offensichtlich unbeliebt sein auch bei Erwachsenen, sogar bei ihrem Lehrer oder ihrer Lehrerin.
- ☆ selbst versuchen, schwächere Schüler und Schülerinnen zu tyrannisieren.

II. Gewalttäter sein – mögliche Anzeichen

Kinder und junge Leute, die andere Schüler mobben, werden oft dabei beobachtet, wie sie – als Täter – an Tätigkeiten *beteiligt* sind, wie sie unter Primärzeichen in Punkt A beschrieben werden. In der Schule gilt für Gewalttäter typischerweise:

- ★ *(Wiederholtes) Hänseln in häßlicher Weise, Verspotten, Einschüchtern, Bedrohen, Beschimpfen, Zumgespöttmachen, Lächerlichmachen, Herumstoßen, Schubsen, Schlagen, Treten und Beschädigen der Sachen von Mitschülern usw.* (siehe alle Primärzeichen unter Punkt A). Sie können ein solches Verhalten gegenüber vielen Schülern und Schülerinnen an den Tag legen, aber sie suchen sich *besonders schwächere und eher schutzlose Schüler als Ziel.* Viele Mobber stiften auch ihre Gefolgsleute an, die «schmutzige Arbeit» zu tun, während sie sich selbst im Hintergrund halten.

Jungen sind wahrscheinlich eher Mobber als Mädchen, aber es sollte auch zur Kenntnis genommen werden, daß *Mobben durch Mädchen* schwerer zu entdecken ist: Mobbende Mädchen verwenden typischerweise weniger offensichtliche, sondern eher *«hinterlistige» Schikanen* wie üble Nachrede, Verbreitung von Gerüchten und Manipulation der Freundschaftsbeziehungen in der Klasse (z. B. einem Mädchen ihre «beste Freundin» ausspannen). Gleichzeitig sollte betont werden, daß bis jetzt weniger über die typischen Merkmale des Mobbens bei Mädchen bekannt ist.

Zusätzlich zu den spezifischen Reaktionen und Verhaltensweisen, die oben genannt wurden, haben *mobbende Schüler* wahrscheinlich eines oder mehrere der folgenden *allgemeinen Merkmale* (so sollte zur Kenntnis genommen werden, daß verschiedene Mißverständnisse oder «Mythen» über die psychologische Natur des typischen Mobbers vorliegen, wie im Text erläutert wurde):

- ☆ Er oder sie kann seinen oder ihren Klassenkameraden und besonders Opfern an Körperstärke überlegen sein; er oder sie kann gleichaltrig oder etwas älter sein als seine oder ihre Opfer; er oder sie ist körperlich erfolgreich auf dem Spielfeld, im Sport und bei Kämpfen (das gilt besonders für Jungen).
- ☆ Er oder sie hat ein starkes Bedürfnis, andere Schüler und Schülerinnen zu beherrschen und zu unterdrücken, sich selbst durch Macht und Drohung zu bestätigen und sich durchzusetzen; er oder sie gibt mit seiner

oder mit ihrer tatsächlichen oder eingebildeten Überlegenheit über andere Schüler und Schülerinnen an.

- ☆ Er oder sie ist hitzköpfig, leicht verärgert, impulsiv und hat eine niedrige Frustrationstoleranz; er oder sie hat Mühe, sich an Regeln zu halten und Widerstände und Verzögerungen auszuhalten, versucht zu betrügen, um einen Vorteil für sich herauszuschlagen.
- ☆ Im allgemeinen leistet er oder sie Erwachsenen gegenüber Widerstand, ist mißtrauisch und aggressiv (auch gegenüber Lehrkräften und Eltern), kann auch Erwachsenen Angst einjagen (das hängt vom Alter und der Körperstärke des jungen Menschen ab), ist geschickt, sich in «schwierigen Situationen» herauszureden.
- ☆ Er oder sie gilt als zäh, hartgesotten und zeigt wenig Mitleid mit Schülern und Schülerinnen, die gemobbt wurden.
- ☆ Er oder sie ist nicht ängstlich oder unsicher und hat typischerweise ein sehr positives Bild von sich selbst (durchschnittliches oder besser als durchschnittliches Selbstwertgefühl).
- ☆ Er oder sie beginnt schon in recht frühem Alter (im Vergleich zu anderen Gleichaltrigen), sich auf andere Weise gesellschaftsfeindlich zu verhalten, wie zu stehlen, zu zerstören und sich zu betrinken, sich mit «schlechter Gesellschaft» einzulassen.
- ☆ Er oder sie kann bei seinen oder ihren Mitschülern durchschnittlich, über- oder unterdurchschnittlich beliebt sein, oder er oder sie hat meistens mindestens die Unterstützung einer kleinen Zahl Gleichaltriger; in den Unterklassen der weiterführenden Schule sind mobbende Schüler und Schülerinnen wahrscheinlich weniger beliebt als in der Grundschule.
- ☆ Bezüglich der Schulleistungen kann er oder sie durchschnittlich, unter- oder überdurchschnittlich in der Grundschule sein, während er in der Unterstufe der weiterführenden Schule gewöhnlich (aber nicht unbedingt) schlechtere Zensuren erhält und der Schule gegenüber eine negative Einstellung entwickelt.

Teil II
Was wir gegen Gewalt tun können

Überblick über ein Interventionsprogramm

Allgemeine Anforderungen: Problembewußtsein und Betroffensein

Maßnahmen auf Schulebene

- Fragebogenerhebung
- Pädagogischer Tag «Gewalt und Gewaltprävention in unserer Schule»
- Schulkonferenz «Verabschiedung des Schulprogramms Gewaltprävention»
- Bessere Aufsicht während der Pause und des Essens
- Schönerer Schulhof
- Kontakttelefon
- Kooperation Lehrkräfte – Eltern
- Lehrer- und Lehrerinnengruppen zur Entwicklung des sozialen Milieus an der Schule
- Arbeitsgruppen der Elternbeiräte (Klassen- und Schulelternbeiräte)

Maßnahmen auf Klassenebene

- Klassenregeln gegen Gewalt: Klarstellung, Lob und Strafen
- Regelmäßige Klassengespräche
- Rollenspiele, Literatur
- Kooperatives Lernen
- Gemeinsame positive Klassenaktivitäten
- Zusammenarbeit Klassenelternbeirat – Lehrkräfte

Maßnahmen auf der persönlichen Ebene

- Ernsthafte Gespräche mit den Gewalttätern und -opfern
- Ernsthafte Gespräche mit den Eltern beteiligter Schüler
- Lehrkräfte und Eltern gebrauchen ihre Phantasie
- Hilfe von «neutralen» Schülern
- Hilfe und Unterstützung von Eltern (Elternmappe usw.)
- Diskussionsgruppen für Eltern von Gewalttätern und -opfern
- Klassen- und Schulwechsel

Die vorgeschlagenen Maßnahmen stellen ein sehr umfassendes Interventionsprogramm dar. Alle Maßnahmen werden als sinnvoll angesehen in einem Programm, das entworfen wurde, um Gewalttäter-/Gewaltopfer-Problemen entgegenzuwirken. Gleichzeitig wissen wir jetzt aufgrund unserer Erfahrung und der Analysen, die in Teil II des Buches vorgestellt werden, daß einige dieser Maßnahmen wichtiger sind als andere, um gute Ergebnisse zu erzielen. In Teil IV wird eine Reihe von möglichen besonders wichtigen «Kern»-Bestandteilen des Programms erörtert.

Ziele

Die Hauptziele des Interventionsprogramms sind, *soweit wie möglich bestehende Gewalttäter-/Gewaltopfer-Probleme innerhalb und außerhalb der Schulumgebung zu vermindern und die Entwicklung neuer Probleme zu verhindern – idealerweise vollständig zu beseitigen.*

Natürlich richtet sich die Aufmerksamkeit zunächst auf das, was wir «unmittelbare Gewalt» nennen. Wie zuvor erwähnt, enthält unmittelbare Gewalt offene Angriffe auf einen anderen Schüler und kann Worte, Gesten, Grimassen und Körperkontakt umfassen.

Die Verminderung oder Verhinderung von «mittelbarer Gewalt» muß jedoch auch zu unseren Zielen gehören. Ein Schüler oder eine Schülerin, der oder die mittelbarer Gewalt ausgesetzt ist, ist von der Gruppe Gleichaltriger ausgeschlossen und hat Mühe, sich mit anderen Schülern und Schülerinnen in seiner oder ihrer Klasse zu befreunden.

Es besteht ein klarer Zusammenhang zwischen unmittelbarer und mittelbarer Gewaltanwendung insoweit, als Schüler und Schülerinnen, die Ziel unmittelbarer Gewalt sind, gewöhnlich von den anderen Gleichaltrigen ausgegrenzt und abgelehnt werden. Aber es gibt auch Schüler und Schülerinnen, die einsam und isoliert sind, ohne Ziel offener Angriffe von anderen Schülern und Schülerinnen zu sein.

Ein Interventionsprogramm sollte sich also auch an diese weniger sichtbare Form der Tyrannisierung richten.

Die oben beschriebenen Ziele sind negativ formuliert: Sie betreffen die Verminderung, Ausschaltung und Verhinderung von Gewaltproblemen. Selbstverständlich werden auch positive Ziele genannt, die sich auf folgende Weise ausdrücken lassen: *bessere Beziehungen zwischen Gleichaltrigen in der Schule zu erreichen und Bedingungen zu schaffen, unter denen sowohl Opfer als auch Täter besser miteinander auskommen und innerhalb und außerhalb der schulischen Umgebung zurechtkommen können* (Olweus, 1978, Kap. 9).

Das würde für die Opfer bedeuten, daß sie ein größeres Sicherheitsgefühl in der Schule hätten, mehr Selbstvertrauen und das Gefühl, von mindestens einem oder zwei Mitschülern oder Mitschülerinnen gemocht und angenommen zu werden. Für Gewalttäter und Gewalttäterinnen würde «besser zurechtkommen» bedeuten, daß sie gegenüber ihrer Umgebung weniger aggressiv reagieren und sich in sozial erträglicher Weise durchsetzen. Im Grunde führt das dazu, die negativen und feindlichen Reaktionen der Gewalttäter und Gewalttäterinnen abzuschwächen und gleichzeitig ihr positives Verhalten zu verstärken.

Problembewußtsein und Betroffensein

Zwei allgemeine Bedingungen müssen erfüllt sein, wenn diese Ziele in einer Schule mit Hilfe des Interventionsprogramms erreicht werden sollen:

1. Die Erwachsenen in der Schule und zu einem gewissen Grad zu Hause müssen das Ausmaß des Gewalttäter-/Gewaltopfer-Problems an «ihrer» Schule erkennen;

2. Die Erwachsenen müssen beschließen, sich ernsthaft für eine Änderung der Situation einzusetzen.

Die Forschungsergebnisse, die ich vorgestellt habe, haben deutlich gezeigt, daß Gewalt ein erhebliches Problem in skandinavischen Schulen darstellt und daß keine schulische Umgebung als «gewaltsicher» gelten kann. Immer wenn mehrere Schüler in einer Gruppe zusammen sind, können Gewalttendenzen auftreten, besonders wenn sie selbst die Zusammensetzung der Gruppe nicht selbst bestimmen können und Erwachsene nicht anwesend sind. Das ist eine gut begründete allgemeine Annahme.

Will man aber konkret an die Probleme einer bestimmten Schule herangehen, so muß man ausführlichere Informationen über die besondere Situation in der Schule sammeln. Das läßt sich ausgezeichnet machen, wenn eine anonyme Erhebung mit Hilfe des *Gewaltfragebogens* (s. Anhang) durchgeführt wird. Der Fragebogen liefert, wie erwähnt, Erkenntnisse über das Ausmaß des Gewalttäter-/Gewaltopfer-Problems in der Schule, die Häufigkeit, mit der Lehrkräfte eingreifen und mit den beteiligten Schülern und Schülerinnen sprechen, und den Grad des Problembewußtseins, das Eltern vom Verhalten und den Erfahrungen ihrer Kinder in der Schule haben. Außerdem liefern die Daten Informationen über *die absolute Zahl der Schulkinder* (Jungen/Mädchen) in den verschiedenen Klassen, die an diesem Problem beteiligt sind. Es ist meistens aufschlußreich, die Ergebnisse der befragten Schule mit den Antworten zu vergleichen, von denen im ersten Teil des Buches berichtet wird.

Die graphische Darstellung des Gewalttäter-/Gewaltopfer-Problems in der befragten Schule in Tabellen und Abbildungen ist ein guter Ausgangspunkt für ein Interventionsprogramm. Selbst wenn die Anzahl der Fälle von Gewalt, die in der Schule vorkommen, relativ gering ist, darf man sich mit den Ergebnissen nicht selbstgefällig zufriedengeben. Das Ziel muß letztlich sein, Gewalt in der Schule völlig auszuschalten!

Wenn die Anzahl der Gewalttäter-/Gewaltopfer-Fälle an der befragten Schule erfaßt wird, so öffnet das oft den Lehrkräften und Eltern die Augen und motiviert sie, etwas zu unternehmen. Die engagierte Beteiligung Erwachsener an der Bekämpfung des Gewalttäter-/Gewaltopfer-Problems ist eine allgemeine wesentliche Grundforderung an der Schule, an der das Interventionsprogramm durchgeführt wird. Wichtig ist auch, daß die Erwachsenen Gewalt nicht als etwas Unvermeidliches im Leben der Kinder ansehen. Diese Auffassung entspricht auch der Überzeugung, daß *viel erreicht werden kann mit relativ geringen Mitteln. Gleichzeitig möchte ich unterstreichen, daß die wachsende Kenntnis des Problems und der geeigneten Gegenmaßnahmen* auch von großer Bedeutung ist, um gute Ergebnisse zu erreichen.

Maßnahmen auf der Schulebene

Der Überblick über das Interventionsprogramm zeigt, daß Maßnahmen gegen Gewalt auf der Schulebene, auf der Klassenebene und auf der persönlichen Ebene durchgeführt werden können.

Zielgruppe auf der Schulebene ist grundsätzlich die gesamte Schülerschaft der Schule, und die Maßnahmen konzentrieren sich nicht allein auf Schüler und Schülerinnen, die als Opfer und Täter ausgemacht worden sind. Die Maßnahmen richten sich darauf, Einstellungen zu entwickeln und Bedingungen zu schaffen, die das Ausmaß der Gewalttaten in der Schule insgesamt senken. Einige dieser Maßnahmen haben das zusätzliche Ziel, die Entwicklung neuer Gewaltprobleme zu verhindern.

Maßnahmen auf der Klassenebene können im allgemeinen auf dieselbe Weise beschrieben werden, jedoch haben sie die Klasse als Ganzes – alle Schüler und Schülerinnen der Klasse – als Zielgruppe. Zweck der *Maßnahmen auf der persönlichen Ebene* ist es, das Verhalten oder die Situation des einzelnen Schülers oder der Schülerin zu ändern. Die Maßnahmen richten sich hier an jene Schüler und Schülerinnen, von denen man weiß oder vermutet, daß sie mit Gewaltproblemen zu tun haben, entweder als Gewalttäter oder als Gewaltopfer.

Fragebogenerhebung

Mit Hilfe des Fragebogens wird der Ist-Zustand zum Problemfeld «Gewalt» auf der Schulebene festgestellt. Die Fragebogenuntersuchung sollte die Ausgangsbasis für alle weiteren Maßnahmen sein. Sie hat ihre besondere Bedeutung in der Erzeugung eines differenzierten Problembewußtseins aller Beteiligten (s. S. 117–121).

Pädagogischer Tag

Wenn eine Schule beschlossen hat, systematische Maßnahmen gegen Gewalt einzuführen, ist es sinnvoll, einen Pädagogischen Tag durchzuführen. Außer dem Schulleiter und allen Lehrkräften sollten auch Experten wie z. B. der Schulpsychologe oder die Schulpsychologin, eine Expertin oder ein Experte der Lehrerfortbildung sowie Vertreterinnen oder Vertreter des Schulelternbeirates und der Schüler und Schülerinnen teilnehmen. Die Ergebnisse aus den Antworten der Schüler und Schülerinnen zum Gewaltfragebogen sollten an diesem Pädagogischen Tag vorgestellt und ausführlich erörtert werden.

Am Pädagogischen Tag soll ein langfristiger Handlungsplan für die jeweilige Schule aufgestellt werden. Um diesen Aktionsplan hinreichend fest zu umreißen und ausführlich zu gestalten, sollte viel Zeit zur Erörterung der Durchführung der in der betroffenen Schule vorgesehenen Maßnahmen eingeräumt werden. Einige dieser Maßnahmen müssen gegebenenfalls später etwas abgeändert und den Umständen in der Schule angepaßt werden.

Selbst wenn einige Lehrkräfte sich entscheiden, das Schwergewicht auf unterschiedliche Bestandteile des Programms zur Anwendung in ihren eigenen Klassen zu legen, ist es sehr wünschenswert, daß über bestimmte Maßnahmen und Grundsätze allgemeine Einigkeit erzielt wird (siehe auch Teil IV des Buches).

Schulkonferenz

Im Anschluß an die Ergebnisse des Pädagogischen Tages empfiehlt sich die Durchführung einer Schulkonferenz. Ihr Auftrag ist die Herbeiführung eines Beschlusses zur Durchführung eines Schulprogramms «Gewaltprävention». Durch die Schulkonferenz gelingt es, ein gewisses Ausmaß an *gemeinschaftlicher Verpflichtung gegenüber und Verantwortung für das gewählte Programm herzustellen.* Außerdem wird eine breite Information, die zur Beteiligung aller Schülerinnen und Schüler, Lehrkräfte und Eltern einlädt, gesichert.

Aufsicht auf dem Schulhof und während des Mittagessens

Eher in der Schule als auf dem Schulweg findet die meiste Gewalt statt (S. 31f.). Wie zuvor berichtet, gibt es weniger Gewalt in den Schulen, die eine ziemlich hohe «Lehrerdichte» während der Pausen und der Essenszeit haben. Dementsprechend muß die Schule während der Pausen genügend Erwachsene auf den Schulhof schicken und *eine gute Aufsicht über die Schüleraktivitäten gewährleisten* – gegebenenfalls auch während der Essenspause. Eine einfache vorbeugende Maßnahme ist ein reibungslos funktionierender Plan der Schule zur Beaufsichtigung der Schülerinnen und Schüler für die Pausen- und Essenszeit.

Offensichtlich reicht es nicht aus, daß Lehrkräfte und Erwachsene während der Pause einfach nur anwesend sind: Sie müssen auch bereit sein, in Gewaltsituationen *schnell und entschlossen einzugreifen* – auch in Situationen, in denen nur der Verdacht besteht, daß Gewalt stattfindet. Versicherungen, auch vom vermeintlichen Opfer, daß das Ganze «nur Spaß» sei, können nicht unbedingt hingenommen werden. Bei solchen Zwischenfällen sollten in erhöhter Aufmerksamkeit die Aktionen der beteiligten Schüler und Schülerinnen verfolgt werden. Sehr oft ist es möglich, aus Tonfall, Gesichtsausdruck und Atmosphäre der Handlungen zu schließen, ob Gewalt im Spiel ist. Die Richtschnur für eingreifendes Handeln sollte so sein, daß *eher zu früh als zu spät eingegriffen wird.*

Ein entschlossener und konsequenter Eingriff durch Erwachsene verrät eine *wichtige Einstellung: «Wir akzeptieren Gewalt nicht.»* Ein solcher Eingriff sendet ein klares Signal sowohl an Gewalttäter als auch an die anderen Schülerinnen und Schüler, die vielleicht ebenfalls bei der Gewalttätigkeit mitmachen würden. Wenn Erwachsene eingreifen, zeigen sie damit auch, daß sie auf der Seite des möglichen Opfers stehen.

Eine aufsichtführende Lehrkraft könnte versuchen, das ganze Problem dadurch zu vermeiden, daß sie während der Pausen nicht nach draußen ginge. Diese Entscheidung würde aber in Wirklichkeit bedeuten, daß sie den schwächeren Schüler oder die schwächere Schülerin der Willkür der gewalttätigen Schüler und Schülerinnen überließe. Wenn andererseits eine Lehrkraft während der Pausen draußen ist, aber *nicht eingreift,* drückt ein solches Verhalten die *stille Billigung* der Gewalttat aus. Das signalisiert dem mobbenden Schüler oder der Schülerin eindeutig, daß er oder sie mit seinen oder ihren Tätlichkeiten ungehindert fortfahren kann, ohne mit negativen Folgen rechnen zu müssen.

Wenn einige Lehrer und Lehrerinnen eine negative Einstellung zur

Pausenaufsicht haben und damit geltend machen, daß sie nicht wie ein «Polizist handeln» wollen, zeigt das, daß sie die Schüleraufsicht aus einer sehr beschränkten Sicht beurteilen. Diese Einstellung vernachlässigt die Tatsache, daß wachsame und aufmerksame Aufsicht durch Erwachsene sehr viel zur Verbesserung der Situation gewaltbedrohter Schüler und Schülerinnen beitragen kann. Selbst wenn eine solche Aufsicht nicht zu merklichen Veränderungen der Persönlichkeit der aggressiven Gewalttäter führt, sind doch die Auswirkungen konsequenter Ablehnung von Gewalt nicht zu unterschätzen. Natürlich ist eine verbesserte Pausenaufsicht nicht die einzige Maßnahme, die angewendet werden kann.

Ich möchte betonen, daß es nicht meine Aufgabe ist zu bestimmen, wieviel Aufsicht man vernünftigerweise von Lehrkräften verlangen soll – das ist natürlich eine Frage, die erörtert werden muß. Wichtig ist hierbei, daß die Schule eine gute Aufsicht über die Schüler und Schülerinnen durch Erwachsene stellen muß, durch Lehrkräfte und/oder durch andere Erwachsene.

Um die Sicherheit der Schulkinder zu verbessern, müssen die aufsichtführenden Erwachsenen Informationen über die Zwischenfälle austauschen, die während der Pausen stattfinden. Eine Lehrkraft, die Gewalt oder Gewaltversuche beobachtet, sollte, außer einzugreifen, auch dem betreffenden Klassenlehrer oder der Klassenlehrerin von dem Zwischenfall berichten. Auf diese Weise können Gewalttendenzen entdeckt und in einem frühen Stadium bekämpft werden.

Wie vorher berichtet, wird ein Großteil der Gewalt von Schülern und Schülerinnen gegen jüngere Schüler und Schülerinnen verübt. Wenn die Schule das weiß, kann sie auch versuchen, Gewalt mit darauf eingerichteten zeitlichen und räumlichen Vorkehrungen zu verhindern. Zum Beispiel könnten jüngere und ältere Schüler und Schülerinnen zu unterschiedlichen Zeiten Pausen haben, oder es könnten ihnen verschiedene Bereiche des Schulhofes zugewiesen werden.

Gewalt kommt meist auf bestimmten Teilen des Schulhofes häufiger vor als auf anderen. Zum Beispiel sind die Toiletten ein «Gefahrenbereich», der besonderer Aufsicht bedarf. Andere abgeschlossene Bereiche des Schulhofes, auf denen Gewalt stattfinden kann, ohne daß den Tätern und Täterinnen ein Eingriff durch Erwachsene droht, sollten besonders beaufsichtigt oder überhaupt abgeschafft werden.

Weiter läßt sich Gewalt bekämpfen, wenn *eine gut ausgestattete und attraktive Umgebung im Freien* geboten wird, die zu positiven Aktivitäten einlädt. Es ist wahrscheinlich, daß einige Schüler und Schülerinnen mehr Gewalt verüben, wenn sie sich langweilen; Gewalt kann eine Möglichkeit sein, das Leben in der Schule etwas aufregender zu machen. Außerdem kann ein schön angelegter und gut geplanter Schulhof es für die Erwachsenen attraktiver machen, sich an den Schüleraktivitäten zu beteiligen.

Kontakttelefon

Wenn ein Schüler oder eine Schülerin in der Schule tyrannisiert wird, müßte es für ihn oder sie selbstverständlich sein, das mit seinen Eltern, Lehrkräften oder beiden zu besprechen. Leider ist der tyrannisierte Schüler oder die Schülerin gewöhnlich ängstlich und unsicher und wagt es vielleicht nicht, irgendjemandem über seine oder ihre Situation zu berichten – teils aus Angst vor der Rache seiner oder ihrer Peiniger, falls Erwachsene sich zum Handeln entschließen sollten. Es ist auch möglich, daß das Opfer und seine/ihre Eltern die Angelegenheit dem Klassenlehrer oder der Klassenlehrerin zu Gehör gebracht haben, daß sie aber mit einer Ausrede abgespeist worden sind.

In solchen Situationen kann ein «Kontakttelefon» sehr nützlich sein. Eine Vertrauensperson der Schule – eine besonders interessierte Lehrkraft, ein Schulpsychologe oder eine -psychologin oder andere externe Berater oder Beraterinnen und Fachleute – könnte einige Stunden in der Woche Anrufe von Schülern und Schülerinnen oder Eltern entgegennehmen, die ihre Situation anonym erörtern möchten.

Die Hauptaufgabe der «Kontaktperson» läge darin, Beistand zu leisten und zu versuchen, sich von der Situation ein Bild zu machen. In den Fällen, in denen die Kontaktperson ein ausführlicheres Gespräch für notwendig hält, müßte sie die Anrufer vorsichtig zu weiteren Telefongesprächen ermutigen. In vielen Fällen sollte das Ziel auf lange Sicht sein, die Anrufer zu bewegen, zu einem persönlichen Gespräch mit der Kontaktperson zu erscheinen. Hier könnte es auch Aufgabe der Kontaktperson sein, an Gesprächen mit der zuständigen Lehrkraft oder anderen beteiligten Personen teilzunehmen (siehe auch «Maßnahmen auf der persönlichen Ebene»). In solchen Situationen ist es sehr wichtig für die Kontaktperson nachzufassen, die Sache nicht aus der Hand zu geben, bis sichere Anzeichen vorliegen, daß das Problem gelöst oder auf dem Wege zur Lösung ist.

Wenn der Anrufer relativ selbstsicher zu sein scheint, besteht wahrscheinlich kaum Bedarf für eine solche aktive Teilnahme von seiten der Kontaktperson. Das Telefongespräch kann genügen, um den Anrufer so weit zu ermutigen, daß er die Sache mit der Lehrkraft oder anderen Schlüsselpersonen selbst in die Hand nimmt (Hilfe zur Selbsthilfe).

Wo eine gute und offene Kommunikation unter den Lehrkräften, Schülern und Eltern besteht, ist ein Telefonkontakt wahrscheinlich nicht nötig. Aber in Schulen und Klassen, wo die Situation nicht so günstig ist, kann eine solche Einrichtung für die Schüler und Schülerinnen oder Eltern, die sich außerstande oder nicht bereit fühlen, die normalen Kommunikationswege der Schule zu benutzen, hilfreich sein. Solch ein Kontaktnetz würde wahrscheinlich auch von einigen Eltern gewalttätiger Schüler und Schülerinnen genutzt werden, die Hilfe und Rat im Umgang mit ihren Kindern finden könnten.

Die Zahl der Schüler und Schülerinnen an kleinen und mittelgroßen Schulen mag nicht ausreichen, um die Einrichtung eines Kontakttelefons in jeder Schule zu rechtfertigen. Zwei oder mehrere Schulen im selben Ortsbereich könnten auch gemeinsam eine solche Einrichtung benutzen.

Wenn eine Schule beschließt, ein Kontakttelefon einzurichten, ist es natürlich wichtig, dies den Schülern und Schülerinnen öffentlich bekanntzugeben und den Eltern durch einen Brief mitzuteilen.

Kooperation Lehrkräfte/Eltern

Die enge Zusammenarbeit zwischen der Schule und den Erziehungsberechtigten ist unbedingt wünschenswert, wenn Gewaltprobleme wirksam bekämpft werden sollen. Die Zusammenarbeit kann durch allgemeine Eltern-Lehrer-Treffen organisiert werden, an denen alle Eltern der Schule teilnehmen oder nur bestimmte Gruppen von Eltern (zum Beispiel Eltern von Kindern in den Unterstufen), die zur Teilnahme aufgefordert werden, oder durch Zusammenkünfte mit den Eltern einer Klasse. Einzelgespräche zwischen dem Klassenlehrer oder der Klassenlehrerin und den Eltern wie auch inoffizielle Telefonkontakte sind weitere Möglichkeiten. Oft empfiehlt es sich, mehrere oder alle dieser Kooperationsformen einzusetzen – gleichzeitig oder zu verschiedenen Zeiten –, um Gewalt in der Schule zu bekämpfen. Es kann auch richtig sein, wenn Schüler an einigen dieser Kontakte zwischen der Schule und dem Zuhause teilnehmen.

Wenn eine Schule beschlossen hat, ihre Bestrebungen im Kampf gegen die Gewalt zu verstärken, müssen die Eltern der Kinder über diese Entscheidung informiert werden und eingeladen werden, daran teilzunehmen. Das läßt sich gut machen, wenn das Thema Gegenstand des Eltern-Lehrkräfte-Treffens ist. Wenn die Schüler und Schülerinnen den Fragebogen zum Gewaltproblem beantwortet haben, können die Ergebnisse (für die Schule ebenso wie für die verschiedenen Klassen) bei dieser Gelegenheit vorgestellt werden. Es wäre auch hilfreich, wenn externe Experten einen allgemeinen Überblick geben würden über das, was über das Ausmaß, die Mechanismen und die Ursachen der Gewalt bekannt ist. Die Teilnehmer des Treffens könnten dann aufgefordert werden, den Aktionsplan und die besonderen Maßnahmen zu erörtern, die die Schule durchführen und unterstützen will in ihrem Bestreben, Gewalt zu bekämpfen.

Die Schule sollte auch die Eltern darüber informieren, daß die Lehrkräfte von nun an ihre Aufmerksamkeit auch auf relativ unbedeutende Fälle von Gewalt und sozialer Ausgrenzung richten werden. Das kann zur Folge haben, daß vermehrt Kontakt von seiten der Lehrkräfte zu den Eltern gesucht wird. Umgekehrt sollte die Schule die Eltern ermutigen, sich mit den Lehrkräften in Verbindung zu setzen, wenn sie den Verdacht haben, daß ihr Kind gemobbt wird oder andere Kinder mobbt.

Eine offene und positive Einstellung von seiten der Schule kann natürlich dazu führen, daß auch «unnötige» Kontakte mit Eltern stattfinden. Das kann von den Lehrkräften als eine zusätzliche Belastung empfunden werden, aber andererseits ist diese wachsende Kommunikation ein natürlicher Beginn für die engere Zusammenarbeit zwischen Schule und Eltern, nicht nur bezüglich der Gewalt, sondern auch in anderen wichtigen Bereichen.

Die Protokolle der Eltern-Lehrkräfte-Treffen und die Information über den Aktionsplan gegen Gewalt sollten nach der Zusammenkunft an alle Eltern verschickt werden. Wenn entschieden worden ist, Eltern-Lehrkräfte-Treffen auf Klassenebene einzuberufen, ist es wichtig, diesen Punkt in der Information an die Eltern zu unterstreichen. Auf diese Weise erhalten Eltern, die die allgemeine Versammlung nicht besuchen konnten, die Gelegenheit, sich aktiv an der zukünftigen Arbeit zu beteiligen.

Lehrergruppen zur Entwicklung des sozialen Milieus an der Schule

Wichtig ist, daß eine Aktion gegen Gewalt in einer Schule oder einer Gemeinde nicht zu einer Show mit kurzlebigen, fieberhaften Aktivitäten wird, die bald durch andere fieberhafte Aktivitäten ersetzt werden. Weil Gewalt überall auftreten kann, wo mehrere Menschen zusammentreffen, muß eine *ständige Bereitschaft* vorhanden sein, gegen solche Tendenzen in der schulischen Umgebung anzukämpfen. Engagement und Begeisterung für diese Arbeit müssen lebendig gehalten werden. Außerdem ist es unerläßlich, daß Lehrkräfte – wie auch Eltern und Schüler – mehr über geeignete Methoden lernen, mit diesen Problemen umzugehen.

Ein Weg, auf diese Ziele hinzuarbeiten, ist die Teilnahme jeder Lehrkraft der Schule an einer *Gruppe zur Entwicklung des sozialen Milieus der Schule*. Gruppen von fünf bis zehn Lehrkräften könnten regelmäßig zusammenkommen, vielleicht einmal wöchentlich über einen Zeitraum von mehreren Wochen. Die Zusammenkünfte wären ein Forum zur Erörterung verschiedener Probleme in der Schule; dabei könnten Erfahrungen untereinander ausgetauscht – aus Erfolgen und Fehlern könnte gelernt werden.

Einen natürlichen Anfang für diese Gruppenaktivitäten könnte die Beschäftigung mit den verschiedenen Aspekten von Gewalt bilden: das Problem im allgemeinen, gefolgt von einer kritischen Diskussion, die auf diesem Buch und anderen Quellen basiert; die Gewaltprobleme in der Schule und in den verschiedenen Klassen auf der Grundlage der Ergebnisse des Fragebogens und der Beobachtungen der Lehrkräfte; und am wichtigsten: die Diskussion geeigneter Maßnahmen und die Entwicklung eines gemeinsamen Aktionsplanes für die Schule.

Die Teilnahme an einer Gruppe zur «Entwicklung des sozialen Milieus» ist wahrscheinlich auch für die Lehrkräfte von Wert, die sehr wenig Gewalt unter ihren Schülern und Schülerinnen in dem bestimmten Jahr beobachtet hatten; die Klassensituation könnte später ganz anders sein. Außerdem sind die meisten Lehrkräfte mehr oder weniger häufig für die Pausenaufsicht verantwortlich und werden auf dem Schhulhof auf die Probleme treffen.

Später kann es sinnvoll sein, andere Probleme als Gewalt auf diesen Lehrkräftekonferenzen zu erörtern. Andere Disziplinprobleme, die Kommunikation zwischen den Eltern und der Schule und allgemeine Probleme des Unterrichts sind Beispiele für in Frage kommende Bereiche. Nach der Erörterung eines oder mehrerer solcher Themen wäre es ratsam, zum Thema Gewalt zurückzukehren. Es besteht dann die Gelegenheit, die gegenwärtige Situation in der Schule zu beurteilen, z. B. wie erfolgreich die durchgeführten Maßnahmen gewesen sind, welche zusätzlichen Anstrengungen unternommen werden sollten usw.

Es kann sinnvoll sein, den externen Experten oder die Expertin (z. B. Schulpsychologen oder Sozialarbeiter) mindestens zu einigen Zusammenkünften einzuladen. Ihre Anwesenheit kann besonders nützlich sein, wenn es mehr als eine Klasse mit schweren Gewalttäter-/Gewaltopfer-Problemen gibt, die nicht mit Erfolg gelöst werden konnten.

Die Gruppe zur Entwicklung des sozialen Milieus sollte nicht zu groß sein; zehn bis zwölf Lehrkräfte je Gruppe sind die Obergrenze. Dementsprechend müßte eine Schule mit einer größeren Lehrkräftezahl mehrere solcher Gruppen einrichten. In solchen Fällen wäre es von Vorteil für die verschiedenen Gruppen, Informationen auszutauschen, vielleicht während eines weiteren Konferenztages, der besonders zur Koordinierung und Integration der hierzu bisher gewonnenen Erfahrungen eingerichtet wird.

Wenn es aus praktischen (und wirtschaftlichen) Gründen nicht möglich ist, daß jede Lehrkraft der Schule an der Entwicklungsgruppe für das soziale Milieu teilnimmt, können andere Möglichkeiten in Betracht kommen. Eine davon ist, mindestens eine solche Gruppe zu bilden – vielleicht aus Lehrkräften mit besonderem Interesse an dem Problem – als Pilotaktivität. Wenn diese Gruppe eine Zeitlang gearbeitet hat, kann die Einrichtung weiterer Gruppen erwogen werden.

Natürlich ist es möglich, solche Gruppen auf verschiedene Weise zusammenzustellen. Vielleicht bilden die Lehrkräfte einer bestimmten Arbeitseinheit einen natürlichen Ausgangspunkt. Diese Frage wie auch die der Führung und Organisation innerhalb der Gruppe überläßt man am besten der einzelnen Gruppe und Schule. Die Zusammenkünfte dieser Gruppen brauchen jedoch eine gewisse Ausrichtung und Struktur, wenn sie ihren Zweck richtig erfüllen sollen.

Die Gruppen zur Entwicklung des sozialen Milieus können ein wichtiges Instrument im Kampf gegen Gewalt in der Schule sein. Sie können wertvolle neue Erfahrungen liefern und dazu beitragen, daß sich die Lehrkräfte aktiv beteiligen. Lehrkräfte, die häufig Probleme in verschiedenen Klassen selbst lösen müssen, können sich als Mitgleider einer *«kollegialen Unterstützungsgruppe»* fühlen, deren Teilnehmer voneinander lernen, sich gegenseitig anregen und unterstützen. Da die Zusammenkünfte der Gruppe das gesamte soziale Umfeld der Schule ansprechen, können diese Aktivitäten sehr wichtig für die interne Arbeit der Schulen wie auch für die Durchführung zentraler Ziele des Plans werden.

Die Gruppen zur Entwicklung des sozialen Milieus können auch eine *gemeinsame Einstellung unter Lehrern und Lehrerinnen zur Gewalt* in der Schule fördern. Gegenmaßnahmen können wahrscheinlich nur Erfolg haben, wenn die Erwachsenen im Schulumfeld in konsequenter Weise auf gleiche Situationen reagieren. Abweichendes Verhalten von einem Zwischenfall zum nächsten und von einer Lehrkraft zur anderen wird bald von den Schulkindern erkannt werden, wodurch die Wirkung möglicher Maßnahmen geschwächt wird. Eine ausdikutierte und von allen Lehrern und Lehrerinnen getragene Einstellung zu Gewaltproblemen wird bei der Entwicklung konsequenten Verhaltens in Gewaltsituationen unter den Erwachsenen der Schule eine große Hilfe sein. Außerdem wird ein gemeinsamer Aktionsplan das Sicherheitsgefühl des einzelnen Lehrers oder der Lehrerin erhöhen wie auch sein/ihr Gefühl, etwas Sinnvolles zu tun.

Arbeitsgruppen der Elternbeiräte (Klassen- und Schulelternbeirat)

Es ist natürlich unerläßlich, eine gemeinsame Einstellung gegenüber Gewalt nicht nur in der Lehrerschaft zu schaffen, sondern auch unter den Eltern. Wenn Lehrerschaft und Eltern in annähernd gleicher Weise auf Gewalt reagieren, wird es leichter möglich sein, die gewünschten Ergebnisse zu erzielen.

Das ist für die Eltern auf ungezwungene Weise zu erreichen (wie auch für Lehrkräfte), wenn sie mehr über die Probleme, und was man dagegen tun kann, wissen. Die Elternbeiräte haben eine wichtige Aufgabe in dieser Hinsicht zu erfüllen. Sie können eine Reihe von Zusammenkünften einberufen – vielleicht in Elternarbeitskreisen –, bei denen dieses Handbuch und andere Literatur über Gewaltprobleme vorgestellt und erörtert werden. Lehrer und Lehrerinnen und andere Schulvertreter können auch zu einigen dieser Zusammenkünfte eingeladen werden, um über die Arbeit der Schule in Sachen Gewalt zu berichten. Gruppenaktivitäten dieser Art können dieselbe Funktion für die Eltern erfüllen, wie die Gruppen zur Entwicklung des sozialen Milieus in der Schule es für die Lehrkräfte können.

Maßnahmen auf der Klassenebene

Klassenregeln gegen Gewalt

Eine wichtige Hilfe im Kampf gegen Gewaltprobleme und zur Schaffung eines besseren Sozial-«Klimas» in der Klasse liegt für den Lehrer und die Schüler darin, sich über einige einfache Regeln über Gewalt zu verständigen. Auch wenn es schon einige allgemeine Regeln in der Schule oder Verhaltensrichtlinien geben mag, ist es sehr wichtig, eine Reihe von Regeln zu schaffen, die sich besonders gegen Gewalt – sowohl unmittelbare als auch mittelbare – richten. Diese Regeln sollten so konkret wie möglich ausgedrückt sein.

Die vorgeschlagenen Regeln sollten nicht unbedingt als endgültige Aufzählung betrachtet werden, obwohl wir diese besonderen Regeln als sehr nützlich erkannt haben. Wichtig ist, daß die Schüler und Schülerinnen sich an den Diskussionen über diese Regeln beteiligen. Die Klassengespräche («soziale Stunde», s. unten) können ein gutes Forum für solche Diskussionen sein. Die dort von der Klasse verabschiedeten Regeln könnten am Schwarzen Brett oder an anderer sichtbarer Stelle angeschlagen werden.

Für die Lehrkraft ist es hilfreich, diese Regeln und mögliche Alternativen zu durchdenken, bevor sie das Thema vor die Klasse bringt. Vorbereitende Diskussionen könnten in den Gruppen zur Entwicklung des sozialen Milieus abgehalten werden.

Die folgenden drei Regeln sind ein natürlicher Ausgangspunkt:

1. *Wir werden andere Schüler und Schülerinnen nicht mobben.*
2. *Wir werden versuchen, Schülerinnen und Schülern, die gemobbt werden, zu helfen.*
3. *Wir werden uns Mühe geben, Schülerinnen und Schüler einzubeziehen, die leicht ausgegrenzt werden.*

Diese drei Regeln zielen sowohl auf unmittelbare Gewalt (mit realtiv offenen Angriffen auf das Opfer) als auch mittelbare Gewalt, das heißt, soziale Ausgrenzung und Ausschluß von der Gruppe Gleichaltriger.

Die Verhaltensweisen, auf die sich diese Regeln beziehen, müssen den Schülern deutlich gemacht werden. Aufklärung kann auf verschiedene Weise geschehen. Eine Möglichkeit liegt in der Verwendung von Auszügen aus *Kinder- und Jugendliteratur*, die in der Klasse vorgelesen werden kann (siehe z. B. Skinner, 1992). Der Lehrer oder die Lehrerin muß die Materialien mit kritischem Blick auswählen, da sehr viele der literarischen Beschreibungen solcher Probleme auf unrichtigen Vorstellungen von Gewalttätern und Gewaltopfern beruhen und daher nicht sehr wirklichkeitsgetreu sind. Zum Beispiel kann dort der Tyrann als ein Schüler oder eine Schülerin dargestellt werden, der oder die unter der Oberfläche sehr ängstlich und unsicher ist. Oder äußerliche Abweichungen beim Opfer können als die Hauptursache für das Mobben dargestellt werden. Selbst wenn das in einzelnen Fällen stimmen sollte, bilden solche Beschreibungen einen schlechten Ausgangspunkt für eine allgemeine Diskussion des Problems.

Ziel der Literaturlesungen sollte sein, das Mitgefühl der Schüler und Schülerinnen mit den Gewaltopfern zu wecken und einige der dabei vorkommenden Reaktionsmechanismen aufzuzeigen, ohne daß dabei neue Arten von Gewalttätigkeit gelehrt werden.

Mit altersangemessenen *Rollenspielen* zum Problem der Gewalttätigkeit lassen sich spielend im Klassenraum Reaktionsmechanismen besonders gut veranschaulichen und nachempfinden. Konkrete Situationen aus dem Klassenzimmer oder allgemeine Problemsituationen können als Ausgangspunkt dienen. Durch das Rollenspiel läßt sich auch veranschaulichen, was eher «neutrale» Schüler und Schülerinnen tun können, um Tendenzen zur sozialen Ausgrenzung entgegenzuwirken und stattfindende Gewalt zu stoppen. Je wirklichkeitsgetreuer die Schulkinder die Rolle spielen, desto größer ist der Transferwert auf wirkliche Gewaltsituationen. Einem Rollenspiel sollte eine Diskussion in der Klasse folgen, in der das Verhältnis zwischen Spiel und Wirklichkeit zur Sprache gebracht wird.

Die Bedeutung der Regeln muß den Schülern und Schülerinnen der Klasse so deutlich wie möglich gemacht werden. Nach und nach wird daraus ein gemeinsames Verständnis erwachsen, wie die Regeln auszulegen sind, und es wird leichter sein, Gewaltzwischenfälle in den richtigen Kontext einzuordnen. Konkrete Erklärungen der Regeln können für die aggressiven Schüler und Schülerinnen (die Mobber) besonders wichtig sein. Sowohl die Forschung als auch die Erfahrung sprechen dafür, daß solche Schüler und Schülerinnen sich nicht immer voll bewußt sind, wieviel Schaden und Leiden sie mit ihrem eigenen Verhalten den Opfern zugefügt haben. Im Gespräch über die Regeln ist es auch möglich, die mobbing-typischen Einstellungen (Normen) von Schülern und Schülerinnen zu beeinflussen.

Unter anderem kann die *passive Beteiligung* an Gewalt erörtert werden. Einige Schüler und Schülerinnen werden selten die Initiative ergreifen, andere zu mobben, aber sie werden leicht im Gefolge dabei mitmachen, wenn ein anderer sich zum Anführer macht. Diese Schüler und Schülerinnen müssen verstehen, daß auch der passive Teilnehmer ein «Komplize» ist und selbst Verantwortung trägt für das, was geschieht. Es darf nicht akzeptiert werden, daß jemand sich selbst aus der Verantwortung stiehlt, indem er sie auf die «anderen Kerle» schiebt.

Die Schüler und Schülerinnen denken oft, daß es als «Petzen» gilt, wenn sie einer Lehrkraft oder Eltern berichten, daß sie selbst oder ein Mitschüler gemobbt wurde. Die Lehrkraft sollte versuchen, solche Begriffe zu ändern und ihnen entgegenzuwirken, zum Beispiel auf der Grundlage der Klassenregeln. Als erstes sollte darauf hingewiesen werden, daß das allgemeine Ziel dieser Regeln (aufgeführt in Regel Nummer 1) ist, daß Mobben nicht akzeptiert werden darf. Und wenn ein Schüler oder eine Schülerin von einem anderen Schüler oder einer anderen Schülerin berichtet, der oder die gemobbt wurde, folgt er oder sie nur der Regel (Nummer 2), die die Klasse hoffentlich als richtig und annehmbar erachtet hat. Das ist nicht petzen, sondern Mitleid mit dem Opfer zeigen und Partei für die schwächere Partei, das Opfer, ergreifen.

Regel Nummer 3 beabsichtigt vor allem, den Tendenzen zur Ausgrenzung und sozialen Isolierung entgegenzuwirken. Die Schüler und Schülerinnen selbst können natürlich Vorschläge machen, wie die Mitschüler, die leicht von Spielen ausgeschlossen werden, an verschiedenen gemeinsamen Aktivitäten beteiligt werden können. Vielleicht ist es auch ratsam, ihnen zu erklären, daß einsame Kinder und Jugendliche oft nicht besonders fähig sind, Kontakte herzustellen oder auf Kontaktversuche von anderen zu antworten. Die Gründe dafür können mangelnde Übung oder wiederholte negative Erfahrungen sein. Daher wird es manchmal vieler beharrlicher Versuche und Ermunterungen von «gewöhnlichen Kindern» bedürfen, um ausgegrenzte Schüler und Schülerinnen dazu zu bewegen, ihre mißtrauische Einstellung gegenüber Mitschülern aufzugeben.

Lob

Lob und freundliche Aufmerksamkeit des Lehrers oder der Lehrerin sind ein wichtiges Mittel, um das Verhalten der Schüler und Schülerinnen zu beeinflussen. Nordamerikanische Erhebungen weisen jedoch darauf hin, daß ein Lehrer oder eine Lehrerin in einer normalen Klassensituation ziemlich wenig Lob austeilt. Großzügig verteiltes Lob sowohl im Zusammenhang mit dem Verhalten des Schülers oder der Schülerin gegenüber anderen als auch mit seiner schulischen Leistung kann sich erwartungsgemäß günstig auf das Klassenklima auswirken. Es ist auch leichter für einen Schüler, Kritik an unerwünschtem Verhalten zu akzeptieren und eine Verhaltensänderung zu versuchen, wenn er/sie sich geschätzt und relativ beliebt weiß. Das gilt besonders für Schüler, die andere mobben. Es wird leicht übersehen, daß Schüler, die aggressiv und schwierig im Umgang sind, auch vieles tun, was eine positive Einschätzung rechtfertigt.

Der Lehrer oder die Lehrerin kann einzelne Schüler und Schülerinnen loben, eine Gruppe oder die ganze Klasse,

- weil sie sich positiv und regeltreu verhalten haben;
- weil sie eingegriffen haben, wenn einer oder mehrere Schüler und Schülerinnen versucht haben, einen anderen oder eine andere zu mobben;
- weil sie Aktivitäten angefangen oder mitgemacht haben, die alle Mädchen und Jungen in der Klasse beteiligen, ohne irgendeinen oder irgendeine auszuschließen;
- weil sie die Initiative ergriffen haben, ausgegrenzte Schüler und Schülerinnen in gemeinsame Tätigkeiten miteinzubeziehen;
- und ganz allgemein, weil sie sich hilfsbereit und freundlich verhalten haben.

Besonders sollten aggressive Schüler und Schülerinnen und solche, die leicht von anderen beeinflußt werden, auch *gelobt werden, wenn sie sich nicht aggressiv verhalten haben* unter Umständen, die sie normalerweise herausfordern, und wenn sie sich nicht an Gewalt beteiligt haben.

Strafen

Will man das Verhalten aggressiver Schüler und Schülerinnen verändern, reicht es gewöhnlich nicht, wenn der Lehrer oder die Lehrerin (oder andere Erwachsene) wohlwollend Verständnis zeigen oder viel Lob austeilen. Sowohl die Forschung als auch die Erfahrung zeigen, daß man auch Strafen einsetzen muß – in Form irgendeiner negativen Folge – für unerwünschtes Verhalten (Patterson et al., 1975; Patterson, 1982; Walker et al., 1976). Die besten Ergebnisse werden durch eine Kombination von großzügigem Lob für positive Handlungen und konsequenten Strafen für aggressives, regelbrechendes Verhalten erreicht.

In Klassendiskussionen über die Regeln gegen Gewalt ist es sinnvoll, die Frage zu stellen, welche Strafen für den Bruch von Regeln einzusetzen sind. Es ist wichtig, daß der Lehrer oder die Lehrerin die Schüler und Schülerinnen auch an dieser Diskussion beteiligt.

Allgemein ist es wichtig, Strafen einzusetzen, die leicht anzuwenden sind. Sie sollten unangenehm sein, ohne feindlich zu sein. Wenn möglich, sollte das Verhalten von der Person unterschieden werden: Die negative Folge sollte sich nicht gegen die Person richten, sondern ein deutliches Signal sein, daß das unerwünschte *Verhalten* wie z. B. Mobben eines Gleichaltrigen nicht akzeptiert wird. Dementsprechend ist es gewöhnlich angebracht, wenn der Lehrer in Worten klar feststellt, welches Verhalten er oder sie mißbilligt.

Die Wahl der Strafe muß bis zu einem gewissen Grade dem Alter, dem Geschlecht und der Persönlichkeit des Schulkindes angemessen sein. Was für den einen Schüler oder die eine Schülerin eine unangenehme Erfahrung ist, kann für den anderen oder die andere eine nette Entspannung sein. Schließlich ist zu erwähnen, daß eine «Extraportion» normaler Schulaktivitäten, wie z. B. Hausarbeiten, normalerweise nicht als Strafe eingesetzt werden sollte.

Folgende Strafen können z. B. angewendet werden:

- ein ernsthaftes persönliches Gespräch mit dem Schüler oder der Schülerin;
- den Schüler oder die Schülerin vor dem Büro des Schulleiters oder der Schulleiterin während mehrerer Pausen sitzen zu lassen;
- den Schüler oder die Schülerin mehrere Stunden in einer anderen Klasse verbringen zu lassen, vielleicht mit jüngeren Schülern und Schülerinnen;

- den Schüler oder die Schülerin während mehrerer Pausen in die Nähe des aufsichtführenden Lehrers oder der Lehrerin zu befehlen;
- einen Schüler oder eine Schülerin zu einem ernsthaften Gespräch zum Schulleiter oder zur Schulleiterin zu schicken;
- dem Schüler oder der Schülerin gewisse Privilegien vorzuenthalten.

Es könnte auch angebracht sein, sich mit den Eltern des Schülers oder der Schülerin in Verbindung zu setzen und sie über die Situation zu unterrichten und zu versuchen, ihre Zusammenarbeit zu gewinnen mit dem Ziel, das Verhalten des Schülers oder der Schülerin zu ändern (siehe weiteres unter «Maßnahmen auf der persönlichen Ebene»).

Aus verschiedenen Gründen ist es entscheidend, daß aggressive Schüler und Schülerinnen allmählich lernen, sich einem Regelsystem zu unterwerfen. Sie sind oft impulsiv und gewohnt, wenig Rücksicht auf andere zu nehmen. Ihre Familiensituation kann völlig ungeordnet sein, so daß, wenn sie Abmachungen und mögliche Regeln zu Hause verletzen, das selten zu konsequenten negativen Reaktionen von seiten der Eltern führt. Gelegentlich wird ihr Verhalten mit heftigen Gefühlsausbrüchen oder körperlicher Züchtigung beantwortet. Wenn man unter solchen Bedingungen und mit einem solchen Persönlichkeitstyp aufwächst, nimmt es nicht wunder, daß aggressive Schüler und Schülerinnen eine erheblich größere Gefahr laufen, später mit Gesetzen und Regeln der Gesellschaft (Olweus, 1979; Loeber & Dishion, 1983; Magnusson et al., 1983; Robins, 1978) in Konflikt zu geraten). Vor diesem Hintergrund ist es wünschenswert, Maßnahmen gegen Gewalt zu ergreifen nicht nur wegen der Opfer, sondern auch wegen der Gewalttäter und -täterinnen. Ein konsequent angewandtes Regelsystem in der Schule kann tatsächlich aggressiven Schülern helfen; es kann sie lehren, mehr Rücksicht auf andere und später mehr Rücksicht auf die Gesetze der Gesellschaft zu nehmen.

Regelmäßige Klassengespräche

Es ist wichtig für die Klasse, ein natürliches Forum zu haben, in dem über die oben angesprochenen Themen geredet werden kann: Entwicklung und Klarstellung von Klassenregeln gegen Gewalt und Wahl der Strafen für Regelverletzungen. Um Ergebnisse für die Dauer zu erreichen, ist es auch nötig, regelmäßig weitere Überprüfungen der Situation in der Klasse folgen zu lassen.

All das kann im *Klassengespräch* (die «soziale Stunde») stattfinden, an dem die Lehrerschaft und die Schülerschaft teilnehmen. Inhalt und Struktur dieser Klassengespräche hängen natürlich etwas vom Alter und der Reife der Schüler und Schülerinnen ab. Ein großer Teil des Klassengesprächs könnte den sozialen Beziehungen innerhalb der Klasse und der Schule gewidmet sein, d. h. den verschiedenen Aspekten der Interaktion zwischen Schulkindern und den Erwachsenen.

Um die wachsende Vertrautheit und den Blickkontakt unter den Mitgliedern der Gruppe noch zu fördern, kann das Klassentreffen so eingerichtet werden, daß Schülerschaft und Lehrerschaft im Kreis oder Halbkreis auf Stühlen sitzen (Glaser, 1969; Nissen, 1979). Die Lehrkraft ist der natürliche Leiter oder die natürliche Leiterin der Gruppe. Klassengespräche sollten regelmäßig abgehalten werden, z. B. einmal wöchentlich und vorzugsweise am Ende der Woche (aber nicht während der letzten Stunde der Woche). Auf diese Weise können die Aktivitäten der letzten Woche nachvollzogen und erörtert und Pläne für die nächste Woche gemacht werden.

Es ist wichtig, für die Klassengespräche genug Zeit vorzusehen, besonders für die anfänglichen Diskussionen über Gewalt. Das wird das Interesse und Bewußtsein für das Problem wachhalten und kann bald dazu beitragen, die Einstellungen und Verhaltensweisen anzupassen. Der regelmäßige kritische Wochenrückblick kann einen erheblichen Gruppendruck besonders auf die Schüler und Schülerinnen ausüben, die dazu neigen, andere zu mobben. Es ist bekannt, daß diese Art sozialer Kontrolle, die vorzugsweise von Gleichaltrigen und Erwachsenen ausgeübt wird, oft eine wirksame Methode ist, das Verhalten von aggressiven, gesellschaftsfeindlichen Kindern (Olweus, 1978) zu beeinflussen. Unter Umständen könnte es auch nützlich sein, den Verbindungslehrer oder die -lehrerin oder externe Experten in die Klassenversammlung einzubeziehen.

Obwohl das «Klassengespräch» in skandinavischen Schulen eine eher formale Einrichtung ist, ist es offensichtlich gelungen, ihm einen sinnvollen Inhalt zu geben. Die Arbeit gegen Gewalt ragt als ein natürlich gegebenes und wichtiges Thema heraus, auf das sich das Klassengespräch konzentriert. Außerdem kann das Gewaltthema ein nützliches Mittel sein, weitere im Schulleben wichtige Themen auf die Tagesordnung zu bringen.

Kooperatives Lernen

Kooperatives Lernen ist eine Lehrmethode, die vor allem in den Vereinigten Staaten entwickelt wurde. Dabei handelt es sich um eine besondere Form von Gruppenarbeit. Umfangreiche Forschungsarbeiten (Johnson et al., 1983) haben ergeben, daß die Methode nicht nur günstige Auswirkungen auf Lernen und Leistung hat, sondern auch auf andere Bereiche. Schüler und Schülerinnen, die sich an kooperativen Gruppen beteiligen, werden einander wahrscheinlich besser akzeptieren und positiver beurteilen; sie werden hilfsbereiter sein und einander mehr unterstützen, und sie werden weniger Vorurteile gegenüber Gruppenmitgliedern anderer Rassen oder Nationalitäten entwickeln als andere Kinder. Obwohl es allgemein wünschenswert wäre, in den meisten Klassen solche Ergebnisse zu erreichen, sehe ich in diesem Zusammenhang das kooperative Lernen aus der begrenzten Perspektive der Vorbeugung und Bekämpfung der Gewalttäter-/Gewaltopfer-Probleme.

Beim kooperativen Lernen arbeiten die Schüler und Schülerinnen in kleinen Gruppen an einer gemeinsamen Aufgabe. Die Größe der Gruppe kann je nach Art der Aufgaben von zwei bis sechs Schülern und Schülerinnen variieren. Mitglieder der Gruppe sitzen in einem Kreis zusammen, nahe genug beieinander, um miteinander zu sprechen, ohne dabei die anderen Gruppen zu stören. In ihren Anweisungen macht die Lehrkraft den Schülern und Schülerinnen klar, daß es die Leistung der Gruppe ist, die zählt und bewertet werden wird. Gleichzeitig wird betont, daß jedes Gruppenmitglied fähig sein muß, die Ergebnisse oder die Lösung des Problems der ganzen Gruppe vorzutragen («Einzelverantwortlichkeit»). Außerdem ist jedes Gruppenmitglied dafür verantwortlich, daß jedes andere Mitglied die gestellte Aufgabe zu lösen lernt.

Ein Grundmerkmal dieser Methode ist, daß die Lehrkraft die Aufgabe so darstellt, daß unter den Gruppenmitgliedern eine *gegenseitige positive Abhängigkeit* gestiftet wird. Das kann auf verschiedene Weise erreicht werden. Zum Beispiel kann der Lehrer oder die Lehrerin die Gruppe auffordern, eine gemeinsame Antwort oder eine schriftliche Arbeit vorzulegen. Jedes Gruppenmitglied muß den Bericht mit seinem Namen unterschreiben, um damit zu bezeugen, daß sie oder er hinter dem Ergebnis steht, das die Gruppe erreicht hat, und in der Lage ist, es zu vertreten. Der Lehrer oder die Lehrerin kann aus der Gruppe willkürlich einen Schüler oder eine Schülerin aussuchen, der oder die erklären muß, wie die Gruppe zu ihrer Antwort gekommen ist.

Der Lehrer oder die Lehrerin kann auch eine gegenseitige positive Abhängigkeit stiften, indem er oder sie andere Arten von Gruppenbelohnungen oder Zensuren anwendet. Zum Beispiel können Gruppen, die mit dem Lernen neuer Wörter auf Englisch beschäftigt sind, über die Gesamtzahl an Wörtern bewertet und belohnt werden, die die Gruppenmitglieder zusammen bewältigen. Es können auch bestimmte Aufgaben im Rechnen gestellt werden, damit der Schüler und die Schülerin in kleinen Gruppen arbeiten, dann aber einen Einzeltest ablegen kann, der auch unabhängig von der Gruppenleistung bewertet wird, und schließlich können die Schüler und Schülerinnen Punkte und Zensuren erhalten, die auf der Anzahl derjenigen Gruppenmitglieder basieren, die ein festgesetztes Leistungsniveau erreicht haben. Einige Lehrer und Lehrerinnen erteilen auch Belohnungen in Form von Freizeit oder gestatten den Gruppen, in denen alle Mitglieder eine bestimmte Anzahl von Aufgaben meistern, an einer reizvollen Tätigkeit teilzunehmen. Das Ziel der Gruppe kann auch allein darin bestehen, weitere Aufgaben einer bestimmten Sorte in der gegenwärtigen Woche zu lösen, wie sie sie in der Vorwoche schon gelöst haben.

Es ist wichtig, häufig einfache Bewertungen vorzunehmen, um zu erkennen, wie die einzelne Gruppe funktioniert. Das läßt sich feststellen, indem einzelne Mitglieder kurze Berichte über das geben, was die Gruppe besonders gut und was sie weniger gut leisten konnte und woran sie weiter arbeiten wird. Um eine gute Mischung der Schüler und Schülerinnen mit unterschiedlichem Leistungsniveau zu erreichen, sollte in der Regel die Lehrkraft für die Einteilung der Schulkinder in Gruppen verantwortlich sein. Angesichts möglicher Gewalttendenzen ist es auch wichtig, daß die Lehrkraft ihr Wissen über die sozialen Beziehungen unter den Schulkindern bei der Zusammensetzung der Gruppen einsetzt.

Wenn die Lehrkraft sich über die sozialen Beziehungen in der Klasse nicht im klaren ist, kann sie die Schüler auffordern, die Namen der anderen drei Klassenkameraden und -kameradinnen aufzuschreiben, mit denen sie zusammenarbeiten wollen. Auf diese Weise ist leicht herauszufinden, welche Schüler und Schülerinnen von niemandem ausgewählt worden sind. Die Lehrkraft kann dann eine Gruppe von positiven und freundlichen Schülern und Schülerinnen um isolierte Jungen und Mädchen herum bilden. Es ist auch möglich, die Vorlieben der Schüler etwas einzubeziehen, indem man jeden Schüler mit einem Gruppenmitglied zusammenarbeiten läßt, das er/sie ausgewählt hat, und mit einer Reihe anderer, die der Lehrer ausgewählt hat.

Die Zusammenstellung der Gruppenmitglieder ist sehr wichtig im Hinblick auf die Schüler und Schülerinnen, die andere Schüler und Schülerinnen mobben. In der Regel ist es nicht angebracht – zumindest nicht am Anfang –, einen Mobber und ein mögliches Opfer in dieselbe

Gruppe zu plazieren. Es ist auch nicht ratsam, mehrere Mobber oder einen Mobber und einen Gefolgsmann (einen «passiven Mobber») in einer Gruppe zusammenarbeiten zu lassen. Statt dessen sollte die Lehrkraft versuchen, den Mobber mit mehreren starken und sicheren Schülern und Schülerinnen zu umgeben, die sich das Mobben nicht gefallen lassen werden. Später kann es möglich sein, einen Mobber mit seinem/ihrem Opfer in eine Gruppe zu setzen. Das setzt jedoch voraus, daß der gewalttätige Schüler oder die Schülerin sein oder ihr Verhalten in einem gewissen Maß geändert hat oder daß das Opfer jetzt einen oder mehrere Verbündete in der Gruppe hat, die bereit sind, seine oder ihre Partei bei möglichen Angriffen zu ergreifen. Der Lehrer oder die Lehrerin muß aus der Nähe verfolgen, was innerhalb und außerhalb der Gruppe vor sich geht, und muß bereit sein, wenn zu viele Probleme auftauchen, die Gruppe aufzulösen.

Es ist nicht möglich, im voraus zu sagen, wie lange eine bestimmte Gruppierung von Schülern und Schülerinnen andauern sollte. Im allgemeinen sollte eine Gruppe so lange zusammengehalten werden, bis ein gewisser Fortschritt in ihrer Arbeit zu erkennen ist; es ist auch wichtig, daß die Gruppenmitglieder einander hinreichend gut kennenlernen. Gleichzeitig ist es für jeden Schüler und jede Schülerin gut, wenn er und sie Gelegenheit erhält, im Laufe des Halbjahres oder des Schuljahres mit verschiedenen Mitschülern zusammenzuarbeiten. Das kann dazu beitragen, die Spannung und Konflikte in der Klasse zu mildern und den Zusammenhalt und die Zufriedenheit der Schüler und Schülerinnen zu steigern. In Klassen mit Gewalttäter-/Gewaltopfer-Problemen muß dem Umstand besondere Beachtung geschenkt werden, wie weit es den an solchen Problemen beteiligten Schülern und Schülerinnen gelingt, in ihren jeweiligen Gruppen über den Fortbestand ihrer bestimmten Gruppierung zu entscheiden.

Es muß betont werden, daß das kooperative Lernen nur eine von mehreren speziellen Lehrmethoden ist, die ein Lehrer oder eine Lehrerin anwenden kann. Außerdem sind die vorher genannten Maßnahmen wie Klassengespräch und die Entwicklung von Klassenregeln nicht als Ersatz gedacht, sondern als eine zusätzliche Möglichkeit, mit der das Arsenal der Maßnahmen gegen Gewalt ergänzt werden kann. Ausführlichere Beschreibungen des kooperativen Lernens und seiner methodischen Ansätze können bei Johnson et al. (1984) und Slavin (1983) gefunden werden.

Gemeinsame positive Aktivitäten

Diskussionen über Gewalt konzentrieren sich natürlich auf Probleme und Dinge, die falsch laufen. Aber positive gemeinsame Aktivitäten, wie die gelegentliche Teilnahme der ganzen Klasse an Gruppenaktivitäten, die Spaß machen, kann auch die Beziehung der Schüler und Schülerinnen untereinander stark beeinflussen und ein Gefühl der Solidarität auslösen. Solche Aktivitäten können Parties sein, Samstagsausflüge, Zelten oder Tanzen. Es wirkt sich auch günstig aus, wenn Schülereltern bei einigen dieser Ereignisse mitmachen können.

Obwohl der Zweck solcher Aktivitäten den Schülern und Schülerinnen zugute kommen soll, sollte sich die Lehrkraft bewußt sein, daß sie sich auf einige Schüler und Schülerinnen ungünstig auswirken können. Wer in dieser Art von Situation gemobbt oder von der Gruppe ausgeschlossen wird, kann das als besonders schmerzlich empfinden. Deshalb ist es wichtig, auf einfühlsame Weise dafür zu sorgen, daß alle Schüler und Schülerinnen am Spaß teilhaben.

Zusammenarbeit Klassenelternbeirat – Lehrkräfte

Gewalttäter-/Gewaltopfer-Probleme und die Entwicklung eines positiven Klassenklimas sind beides zentrale Themen für Klassenelternbeiratssitzungen, zu denen auch die Schüler und Schülerinnen eingeladen werden können. Diskussionen über das Thema müssen jedoch bewußt in allgemeiner Form geführt werden. Dabei sollte besonders vermieden werden, die Namen von Gewalttätern und Gewaltopfern zu nennen. Die Lehrkraft sollte diese Bedingung schon in der Einladung zum Treffen deutlich machen. Ein solches Vorgehen verhindert keineswegs eine tiefergehende Diskussion des Themas, weder in allgemeinen Worten noch in Worten, die sich auf die besondere Situation in der Klasse oder der Schule beziehen. Ein möglicher Ausgangspunkt sind hier die Ergebnisse des Fragebogens über Gewalt und die Beobachtungen der Lehrkraft oder der Lehrkräfte.

In den Diskussionen über das Wesen des Mobbings ist es sinnvoll, die Vorschläge aufzunehmen, die Eltern, Lehrkräfte und Schülerschaft zur Bekämpfung des Problems machen. In einem Zusammenhang wie diesem sollten sich Empfehlungen und Vorschläge an alle Eltern im allgemeinen richten, und nicht an Eltern von mobbenden Kindern im besonderen (siehe unter Maßnahmen auf der persönlichen Ebene) wenden.

Unter anderem sollten Eltern ihren Kindern sehr klar machen, daß Gewalt nicht akzeptabel ist. Sie sollten mit ihnen über das Problem reden, besonders in bezug auf die eigene Klasse des Kindes. Sie sollten ihre Kinder fragen, ob jemand in der Klasse ist, der unmittelbar gemobbt wird, oder jemand, der oft ausgeschlossen wird. Sie können auch versuchen herauszufinden, wieviel Mitgefühl ihr Kind für mögliche Opfer hat und ob er oder sie bereit wäre, zur Verbesserung der Situation des gewaltbedrohten Schülers etwas zu unternehmen.

Es ist auch wichtig, daß Eltern mit ihren Kindern über ihre Verantwortung im Falle einer passiven Beteiligung am Mobben sprechen wie auch über die Frage, ob es «Petzen» ist, wenn ein Kind berichtet, daß jemand gemobbt worden ist (siehe S. 85). Schließlich sollten Eltern erwägen, ob sie ihr eigenes Kind und seine Freunde ermutigen sollen, einem gemobbten Schüler in irgendeiner Weise zu helfen. Ein hilfreicher Vorschlag könnte der sein, einen ausgeschlossenen Schüler aufzufordern, gemeinsam zu einem Kinobesuch oder zu einem Picknick auszugehen oder in der Gesellschaft anderer nach Hause eingeladen zu werden.

Das Gespräch über diese Dinge kann Eltern helfen, sich mehr für das Schulleben ihres Kindes zu interessieren und mehr darüber zu erfahren. Das ist natürlich eine positive Entwicklung, die im gleichen Sinne läuft wie das allgemeine Ziel der engen Zusammenarbeit zwischen der Schule und dem Elternhaus.

Obwohl es nicht ratsam ist, die Situation eines einzelnen Schülers auf einer Klassenelternbeiratssitzung zu erörtern, können solche Dinge im Anschluß an die Versammlung «unter Ausschluß der Öffentlichkeit» vorgebracht werden. Eine allgemeine Diskussion ist immer auch eine Versuchung für Lehrkräfte und Eltern, über die individuellen Beziehungen einzelner Schüler und Schülerinnen ins Gespräch zu kommen. Diskussionen über Einzelfälle sollen jedoch lieber nur in persönlichen Gesprächen unter vier Augen oder über telefonischen Kontakt stattfinden. Es kann wünschenswert sein, daß das Thema nachbereitet wird und eine Reihe von Gegenmaßnahmen vereinbart wird. In solchen Fällen ist es in der Regel zweckdienlich, auch andere Schüler und Schülerinnen und Eltern an der Aufgabe zu beteiligen (siehe unten unter Maßnahmen auf der persönlichen Ebene).

Auf Klassenelternbeiratssitzungen wie auch bei Einzeldiskussionen ist es wichtig, daß der Lehrer eine Einstellung erkennen läßt, die die Eltern ermutigt, die Erfahrungen ihrer Kinder in der Schule zu diskutieren. Selbst wenn ihre Befürchtungen, daß ihre Kinder Opfer von Gewalt sein könnten, grundlos sind, ist es wichtig, daß Eltern das Gefühl haben, offen über diese Befürchtungen reden zu können. Leider wurden jedoch allzu oft Eltern, deren Kinder gemobbt wurden, von der Lehrkraft abgewiesen, als sie versuchten, etwas über die Situation ihres Kindes in der Schule zu erfahren.

Es reicht nicht, wenn die Lehrkraft eine offene und ermutigende Einstellung den Eltern gegenüber an den Tag legt, die mögliche Gewaltprobleme erörtern wollen. Die schwedische Schulpolitik macht sehr deutlich, daß *die Schule verpflichtet ist, sich aktiv* an solchen Angelegenheiten *zu beteiligen.* Ich zitiere aus der amtlichen schwedischen Schulpolitik zur Erziehung (Lgr 80, S. 25), *«Die Schule muß selbst Kontakt zu den Eltern aufnehmen, um die erforderliche Zusammenarbeit zu fördern.»* Und *«Die Schule trägt die Verantwortung dafür, daß die Kontakte tatsächlich hergestellt werden.»* Eindeutig geht aus dem Text hervor, daß der Grundsatz sich nicht auf die Schulleistungen der Schüler und Schülerinnen beschränkt, sondern auf ihre gesamte Schulsituation.

In diesem Zusammenhang sind die Antworten von etwa 1.000 Eltern in unserer Bergen-Studie sehr interessant. Die große Mehrheit der Eltern drückte den starken Wunsch aus, durch die Schule unterrichtet zu werden, wenn ihr Kind an Gewaltproblemen beteiligt sei, entweder als Gewalttäter oder als Gewaltopfer, und auch dann, wenn der Lehrer lediglich den Verdacht hatte, daß gemobbt wurde. Dieser Befund steht in scharfem Gegensatz zu der Tatsache, daß Eltern von gemobbten oder mobbenden Kindern wenig darüber wissen oder mit ihrem Kind nur wenig darüber gesprochen haben (entsprechend den Antworten der Schüler und Schülerinnen, die in Teil I vorgestellt wurden). Dies ist ein Bereich, in dem die Schule viel zur Verbesserung der Lage tun kann. Die schulpolitische Weisung sagt ganz klar, daß die Schule weitgehend für Gewalt verantwortlich ist, wie sie vorher dargestellt wurde.

Gleichzeitig ist es notwendig, daß Eltern sich mit der Schule in Verbindung setzen, wenn sie wissen oder den Verdacht haben, daß ihr Kind Probleme in der Schule hat. Es läßt sich wesentlich mehr erreichen, wenn sowohl die Schule als auch die Eltern bereit sind, Informationen auszutauschen und sich gegenseitig anzuhören.

Gewalt betrifft so viele Schüler, daß das Thema regelmäßig auch in Einzelberatungen erörtert werden sollte.

Maßnahmen auf der persönlichen Ebene

Ernsthafte Gespräche mit den Mobbern

Wenn die Lehrkraft weiß oder den Verdacht schöpft, daß Gewalt in der Klasse stattfindet, sollte sie sofort eingreifen. Es ist wichtig, unverzüglich Gespräche zwischen dem gewalttätigen Kind oder den Kindern und dem Opfer herbeizuführen.

Das oberste Ziel im Umgang mit den Gewalttätern ist einfach, sie dazu zu bringen, das Mobben zu stoppen. Die Botschaft an die Mobber muß ganz klar sein: *«Wir akzeptieren keine Gewalt in unserer Schule/Klasse und werden dafür sorgen, daß sie aufhört.»* Wenn mehrere Schüler und Schülerinnen am Mobben beteiligt sind, empfiehlt es sich, mit ihnen einzeln zu reden, in rascher Aufeinanderfolge. Auf diese Weise haben sie weniger Gelegenheit, die Sache untereinander zu bereden und eine gemeinsame Strategie zu entwerfen.

Viele Gewalttäter sind nicht nur ziemlich hart und selbstbewußt, sie können sich auch gut aus schwierigen Situationen herausreden. Man muß damit rechnen, daß ein Mobber sich herauszureden versuchen wird, wenn der Lehrer oder die Lehrerin auf seine Beteiligung an Gewalt zu sprechen kommt. Unter anderem ist damit zu rechnen, daß er oder sie ihren Anteil herunterspielen und die Rolle, die die anderen gespielt haben, hochspielen wird. Das Verhalten des Opfers wird oft als aggressiv, provokativ und dumm hingestellt und als Rechtfertigung für das Mobben benutzt, an dem er oder sie «möglicherweise» beteiligt war.

Nach Einzelgesprächen mit allen verdächtigen Mobbern kann es sinnvoll sein, sie als Gruppe zu versammeln. Wiederum sollte ihnen klar gemacht werden, daß weitere Gewalttätigkeit nicht geduldet werden wird und daß Strafen bei jeder weiteren Gewalttat auferlegt werden. Es ist viel leichter für den Lehrer oder die Lehrerin, diese Diskussion mit den gewalttätigen Schülern und Schülerinnen zu führen, wenn einige der vorgenannten Maßnahmen schon eingeführt worden sind, zum Beispiel die Klassenregeln gegen Gewalt. Solche Maßnahmen bilden einen Hintergrund für das Verständnis des Schülers und der Schülerin und sind dann geeignete Instrumente zur Bekämpfung der Gewalt, wie zum Beispiel Strafen oder das Klassengespräch. Zusätzlich zur Beobachtung der Mobber und der Opfer durch die Lehrkraft und Einzelgespräche mit diesen ist ein Klassengespräch ein ausgezeichnetes Mittel, um sicherzustellen, daß die gewünschten Änderungen tatsächlich eintreten und von Dauer sind.

Wenn die ergriffenen Maßnahmen nicht zur Verhaltensänderung beim Mobber führen, kann es erforderlich sein, Gespräche mit dem Schulleiter oder der Schulleiterin oder den erschienenen Eltern (siehe unten) zu arrangieren, damit der Ernst der Situation deutlich wird.

Gespräche mit den Gemobbten

Das typische Opfer ist ein ängstlicher und unsicherer Schüler oder eine Schülerin, der oder die gewöhnlich nicht im Mittelpunkt der Aufmerksamkeit stehen möchte. Er oder sie hat Angst, seinen oder ihren Mobber in «Schwierigkeiten» zu bringen, und wird deshalb Erwachsenen nicht von deren Aktivitäten erzählen. Häufig wurde er oder sie auch schon mit weiterer Gewalt bedroht, wenn er/sie auf den Gedanken kommen sollte zu «petzen». Zweifellos veranlassen solche Drohungen viele Opfer, sich still zu verhalten aus Furcht vor einem «Vom-Regen-in-die-Traufe-geraten». Aus diesem Grund werden häufig Eltern des Opfers von ihrem Kind gedrängt, sich nicht mit der Schule in Verbindung zu setzen. Da Eltern das tun, was sie für ihr Kind für am besten halten, beugen sich viele den Wünschen und inständigen Bitten ihres Kindes.

Solche Entscheidung läuft in Wirklichkeit jedoch darauf hinaus, dem drangsalierten Kind zu schaden. Und auf lange Sicht wird es auch den mobbenden Kindern schaden, wenn die Sache nicht ans Tageslicht gebracht wurde. Durch eine Klärung der Situation könnten sie einen Anstoß erhalten, sich in eine konstruktivere Richtung zu entwickeln.

Diese Überlegungen machen eines sehr klar: Bei dem Versuch, eine Gewaltsituation aufzuklären, darf keine Mühe gescheut werden, *um sicherzustellen, daß das Opfer wirksam gegen Mobben geschützt wird.* Jeder Fall muß restlos aufgeklärt werden, bis die Gefahr erneuter Gewaltversuche vollständig oder fast gebannt ist. Der gemobbte Schüler oder die Schülerin muß wieder darauf vertrauen können, daß Erwachsene ihm oder ihr jede gewünschte Hilfe geben wollen und geben können. Wird ein Gewaltproblem in der Klasse nur im Vorübergehen abgehandelt, ohne daß sichergestellt wird, daß das Opfer mindestens ausreichend geschützt wird, macht dies die Sache meist noch schlimmer. Der Schutz für den drangsalierten Schüler oder die Schülerin erfordert enge Zusammenarbeit und häufigen Informationsaustausch zwischen der Schule und der Familie des Schülers oder der Schülerin.

Es ist allgemein von Vorteil, wenn die Lehrkraft oder die Eltern die Zustimmung des drangsalierten Kindes einholen können, bevor sie die Sache weiterverfolgen. Gleichzeitig ist offensichtlich, daß viele gemobbte Kinder nachteilige Folgen so sehr fürchten, daß sie dem Rat der Erwachsenen hier nicht folgen wollen. In einem solchen Fall müssen die Erwachsenen die Verantwortung für die Lösung des Problems übernehmen, vielleicht auch trotz der Proteste des Opfers. Im nachhinein stellt sich oft heraus, daß der gemobbte Schüler oder die Schülerin sehr erleichtert ist, wenn die Sache schließlich ans Licht gelangt. Aber es muß noch einmal betont werden, daß die Lehrkraft, die bei einem Gewalttäter-/Gewaltopfer-Problem eingreift, die besondere Pflicht hat, für den Schutz des Opfers zu sorgen.

Manchmal kann eine Gewaltsituation eskalieren und eine dramatische Wendung nehmen, wenn schwere Angriffe und tätliche Gewalt damit verbunden sind. In einer solchen Situation ist es wichtig, daß das Opfer und seine/ihre Familie schnell professionelle Hilfe erhalten, um die schockierende Erfahrung zu verarbeiten. Das wird die Gefahr vermindern, daß das Opfer selbst impulsiv handelt und daß es lange Zeit unter den schweren Folgen des Erlebnisses leidet.

Gespräche mit den Eltern

Sobald entdeckt wird, daß Schüler in der Klasse andere mobben oder gemobbt werden, sollte der Lehrer mit den betroffenen Eltern Verbindung aufnehmen – zumindest, wenn der Fall ernsthafter Natur ist. Es ist nicht nur vernünftig und richtig, ihrem starken Wunsch nach Aufklärung nachzukommen. Es ist auch ratsam, sie zu bitten, zur Herbeiführung eines Wandels mit der Schule zusammenzuarbeiten. Außerdem kann es sein, daß Eltern Unterstützung brauchen und die Schule helfen oder zumindest den Eltern raten kann, an wen sie sich wenden können. Auch ist es oft für die Lehrkraft angezeigt, ein Treffen herbeizuführen, an dem sowohl das/die Opfer und der/die Gewalttäter als auch ihre Eltern teilnehmen. Zweck eines solchen Zusammentreffens ist, die Situation grundlegend zu erörtern und einen Plan zur Lösung des Problems zu machen. Es ist wichtig zu versuchen, einen gewissen Grad an Zusammenarbeit mit den Eltern des Gewalttäters/der Gewalttäter herbeizuführen und sie dazu zu bringen, ihren Einfluß auf das Kind in hilfreicher Weise auszuüben (siehe unten). Wenn das gemobbte Kind mit zerrissenen Kleidern oder beschädigten Sachen in der Folge einer Gewalttat nach Hause kommt, ist es richtig, die Frage des geldlichen Schadenersatzes in diesem Zusammenhang aufzuwerfen (zum Beispiel vom Taschengeld des mobbenden Schülers).

Das Treffen sollte nicht eine einmalige Angelegenheit sein. Es sollten weitere Treffen folgen, bei denen eine Bewertung der Situation vorgenommen werden kann. Es ist natürlich auch wichtig sicherzustellen, daß die bei dem Treffen vereinbarten Punkte tatsächlich ausgeführt werden. Treffen dieser Art machen es sowohl für die Lehrkraft als auch für die Eltern der beteiligten Schüler und Schülerinnen leichter, miteinander über Telefon oder persönlich in Verbindung zu treten, um Informationen auszutauschen. Unter günstigen Umständen kann sich eine relativ positive Beziehung zwischen den Eltern des gewalttätigen Schülers oder der Schülerin und den Eltern des Opfers entwickeln. Das ist oft ein wichtiger Schritt auf dem Wege zur Lösung des Problems.

In vielen Fällen ist jedoch schon vor einem Treffen offensichtlich, daß die Beziehungen zwischen den Familien des Täters und des Opfers gespannt und feindlich sind. In solchen Fällen ist es wahrscheinlich von Vorteil, sich mit nur einer Familie zur selben Zeit zu treffen, bevor man sie zusammenbringt. Wenn es nach dem Urteil der Lehrkraft schwierig wird, ein gemeinsames Treffen zu bewältigen, wäre es angebracht, den Schulpsychologen oder die Schulpsychologin oder einen anderen externen Berater hinzuzuziehen.

Was können die Eltern eines gewalttätigen Kindes tun?

Auch wenn die Schule hauptsächlich dafür verantwortlich ist, Gewalttäter-/Gewaltopfer-Probleme in der Schule aufzuklären, können Eltern viel zur Verbesserung der Situation tun. Wie zuvor beschrieben, laufen Kinder, die sich aggressiv gegenüber Gleichaltrigen (und Erwachsenen) verhalten, eine deutlich größere Gefahr, sich später sozialfeindlich zu verhalten und kriminell oder alkoholsüchtig zu werden. Es ist daher wichtig, den mobbenden Kindern zu helfen, ihre feindliche und negative Einstellung und ihr Verhalten gegenüber ihrer Umgebung zu ändern. Verschiedene Vorschläge über das, was Eltern mobbender Kinder tun können, werden im folgenden vorgestellt. Einige dieser Ratschläge beziehen sich auf das, was zuvor über Regeln, Lob und Strafen gesagt wurde (S.83–89).

Die Eltern müssen ihrem Kind klarmachen, daß sie die Gewalttätigkeit ernst nehmen und daß sie ein solches Verhalten in der Zukunft nicht mehr dulden werden. Wenn sowohl die Schule als auch die Eltern konsequent negativ auf die Gewalttätigkeit des Kindes reagieren, sind die Chancen, daß das Kind sein/ihr Verhalten ändern wird, erheblich größer.

Wie zuvor erörtert, fällt es aggressiven Kindern und Jugendlichen oft schwer, sich Regeln zu unterwerfen, und die Beziehungen in ihren Familien können chaotisch und ungeordnet sein.

Vor diesem Hintergrund ist es wichtig, daß die Eltern mit dem Kind zusammenarbeiten, um wenige einfache Familienregeln zu vereinbaren. Diese Regeln sollten am besten schriftlich festgelegt werden und an einem deutlich sichtbaren Platz zu Hause zu finden sein.

Es ist wichtig, daß Eltern ihrem Kind viel Lob und Anerkennung geben, wenn es die vereinbarten Regeln einhält. Es ist leichter für das Kind, sein aggressives Verhalten zu ändern, wenn es sich zumindest in einem gewissen Maß geliebt und anerkannt fühlt.

Wenn das Kind dagegen die vereinbarten Regeln bricht, ist es erforderlich, daß irgendeine Form von Strafe oder negativer Konsequenz folgt. Im Zusammenhang mit den Diskussionen über die Familienregeln ist es auch sinnvoll, die Frage nach möglichen Konsequenzen zur Sprache zu bringen, sofern gegen die vereinbarten Regeln verstoßen wird. Bevor die Eltern diese Frage zur Sprache bringen, sollten sie schon überlegt haben, welche Art von Konsequenzen angemessen sein könnten (siehe S.87ff. zu allgemeinen Ansichten über die Wahl von Strafen). Die Strafe sollte bis zu einem gewissen Grade mit Unannehmlichkeiten und Beschwerden verbunden sein, aber Körperstrafe darf nicht angewendet werden.

In der Regel treten Gewalt und andere unerwünschte Verhaltensweisen dann auf, wenn Erwachsene nicht anwesend sind oder nicht wissen, was die Kinder/Jugendlichen tun. Daher ist es für die Eltern wichtig zu erfahren, wer die Freunde des Kindes sind und was sie gewöhnlich tun. Das läßt sich natürlich leicht herausfinden, wenn man Zeit mit dem Kind und seinen Freunden verbringt. Das Zusammensein mit dem Kind bietet auch Gelegenheit, gemeinsame positive Erfahrungen zu machen und die Persönlichkeit und Reaktionen des Kindes besser zu verstehen. Auf diese Weise kann sich nach und nach eine vertrauensvolle Beziehung entwickeln, die den Sohn oder die Tochter eher dazu geneigt machen kann, auf die Eltern zu hören und sich von ihnen beeinflussen zu lassen. Die Eltern können dann auch dem Kind helfen, weniger aggressive und mehr angemessene Reaktionsmuster zu finden. Vielleicht können die Aktivität, die Körperstärke und das Machtbedürfnis vieler gewalttätiger Kinder in konstruktivere Bahnen umgelenkt werden, zum Beispiel in starker Selbstbestätigung im Rahmen eines Regelwerkes wie zum Beispiel im Fußball-, Handball- oder Eishockeyspiel. Hat vielleicht das Kind auch besondere Begabungen, zu deren Entwicklung die Eltern das Kind ermuntern können?

Was können die Eltern des Opfers tun?

Wenn die Eltern wissen oder den Verdacht haben, daß ihr Kind gemobbt wird und die Schule sie nicht über die Situation in Kenntnis gesetzt hat, sollten sie die Lehrkraft des Kindes so bald wie möglich ansprechen. Das Ziel sollte sein, eine Zusammenarbeit mit der Schule in der oben beschriebenen Weise bezüglich des Problems zu erreichen.

Weil das typische *«passive Opfer»* ein ängstlicher und unsicherer Schüler oder eine Schülerin mit geringem Selbstvertrauen oder gar keinen Freunden ist, ist es wichtig, daß die Eltern dem Kind helfen, sich «besser anzupassen» – ganz unabhängig von einer gegenwärtigen Gewaltsituation. Ein Weg, das Selbstvertrauen eines gemobbten Kindes aufzubauen, besteht für die Eltern darin, es zu ermutigen, potentielle Begabungen und positive Eigenschaften auszubauen. Das kann dem Schüler helfen, sich vor allem auch unter Gleichaltrigen durchzusetzen.

Zumindest unter Jungen ist das typische Opfer oft schwächer und motorisch weniger gut koordiniert als seine Mitschüler und kann sogar eine Art «Körperangst» haben. Dann ist es wünschenswert – wenn nur etwas Interesse oder Neigung in dieser Richtung erkennbar ist –, daß gemobbte Schüler und Schülerinnen irgendeine Art von Körpertraining ausüben und versuchen, einen geeigneten Sport für sich zu finden. Auch wenn sie nur begrenzt Selbstbewußtsein durch Sport gewinnen können, kann Körperertüchtigung zu einer besseren körperlichen Koordinierung und Beherrschung führen und Körperangst abbauen; dadurch wird ihr Selbstvertrauen wachsen. Das wiederum führt dazu, daß das Kind «andere Signale» an seine Umgebung «aussendet», die sein Verhältnis zu Gleichaltrigen verbessern können.

Durch seine Teilnahme an Sport oder Aktivitäten, zu denen es eine gewisse Begabung hat, wird das Schulkind wahrscheinlich zu Gleichaltrigen Kontakt haben, denen es früher nicht begegnet ist. Eine neue Umgebung kann sehr wichtig sein, da das Mädchen oder der Junge hier nicht aufgrund der festgeschriebenen negativen Auffassung von seinem oder ihrem «Wert» beurteilt wird, die viele der Klassenkameraden haben. Das bietet dem gemobbten Kind eine «neue Chance». Die Erfahrung kann sehr wichtig werden, wenn es dem Kind gelingt, zumindest einen Freund oder eine Freundin innerhalb der neuen Gruppe zu gewinnen.

Um die Situation des Kindes in der Schule zu verbessern, können die Eltern das Kind ermutigen, sich aktiv an einen ruhigen und freundlichen Schüler oder eine Schülerin in der Klasse zu wenden (oder in einer anderen Klasse). Es ist vorteilhaft, wenn die beiden etwas gemeinsam haben, zum Beispiel dieselben Interessen oder dieselbe persönliche Veranlagung. Es könnte mit der Gemeinsamkeit beginnen, daß der andere Schüler oder die andere Schülerin ebenfalls einsam und von seinen Altersgenossen ausgeschlossen ist. Weil gesellschaftlich ausgegrenzte Kinder oft in ihren Versuchen, Kontakt aufzunehmen, nicht sehr geschickt sind, ist es für die Eltern wichtig (oder für die beratenden Lehrkräfte), dem Kind mit konkreten und anschaulichen Vorschlägen, wie man einen Kontakt herstellen kann, zu helfen. Sie müssen auch bereit sein, viel Unterstützung und Ermutigung zu geben, weil das Kind wegen seines früheren Versagens bei der geringsten Schwierigkeit geneigt sein wird aufzugeben.

Wenn Eltern entdecken, daß ihr Sohn oder ihre Tochter gemobbt oder von der Gruppe Gleichaltriger ausgeschlossen wird, werden sie sich natürlich dem Kind um so mehr zuwenden und es vor Enttäuschungen bewahren. Auch wenn das nur zum Wohl des Kindes gemeint ist, können sich auf lange Sicht unerwünschte negative Folgen einstellen. Eine «übermäßig beschützende» Einstellung der Eltern kann das Kind noch mehr von seinen Altersgenossen isolieren und Bindungen an die Welt der Erwachsenen schaffen, die tatsächlich den Aufbau von Kontakten zu Gleichaltrigen hemmen. Vor diesem Hintergrund ist es wichtig, daß die Eltern konsequent die Neigungen des Kindes unterstützen, Kontakte und Aktivitäten außerhalb der Familie aufzunehmen. Gleichzeitig sollten Eltern unmerklich das Geschehen verfolgen und, bis zu einem gewissen Ausmaß, die Bedingungen für eine positive Entwicklung «steuern».

Wie zuvor erörtert, kann das eigene *provozierende Verhalten des Opfers* zur Gewalttätigkeit beitragen. Eine wichtige Aufgabe der Eltern (und der Lehrkräfte) ist dann, vorsichtig aber nachdrücklich dem Kind zu helfen, ein Reaktionsmuster für sich zu finden, das seine Umgebung weniger reizt. Es kann sehr hilfreich sein, wenn das herausfordernde Opfer seine «sozialen Fähigkeiten» entwickeln und ein besseres Verständnis der «informellen gesellschaftlichen Regeln» seiner Altersgruppe für sich gewinnen kann. Außerdem haben provozierende und passive Opfer bestimmte Eigenschaften gemeinsam – zum Beispiel Unsicherheit und fehlendes Selbstvertrauen –, ihnen werden natürlich auch die für das passive Opfer gegebenen Ratschläge und Vorschläge empfohlen.

Das provozierende Opfer ist jedoch oft aufbrausend, und wie dem gewalttätigen Kind kann es ihm schwerfallen, Regeln zu gehorchen. Dementsprechend kann es angemessen sein, einige der Maßnahmen anzuwenden, die in Verbindung mit den Verhaltensänderungen beim gewalttätigen Kind erörtert wurden. Oft finden sich auch Merkmale von «Hyperaktivität» im Verhalten des provozierenden Opfers. In schwierigen Fällen dieser Art ist die zusätzliche Hilfe eines Kinderpsychologen oder Psychiaters mit besonderer Kompetenz auf diesem Gebiet in Anspruch zu nehmen.

Kreativität gefragt

Die Lehrkraft kann natürlich die Schulsituation und ihr Wissen über den Schüler oder die Schülerin auf vielerlei Weise benutzen, um dem gemobbten oder mobbenden Schüler zu helfen, angemessenere Reaktionsmuster zu finden. Die allgemeine Richtschnur hierfür ist in den vorausgehenden beiden Abschnitten skizziert worden («Was Eltern des Gewalttäters/Gewaltopfers tun können»). Insgesamt ist viel pädagogische Kreativität notwendig, um jeder individuellen Situation angemessen zu begegnen. Zum Beispiel kann die Lehrkraft dem gemobbten Kind eine Aufgabe mit einem gewissen Wert für die Klasse stellen, die es zusammen mit einem der beliebteren Schüler oder Schülerinnen erfüllen soll, und dann das Ergebnis der Klasse vorstellen. Nordamerikanische Untersuchungen haben ergeben, daß solche Arrangements die Beliebtheit des weniger beliebten Schüler oder der Schülerin steigern können (Strain, 1981). Jedoch muß die Lehrkraft die Aufgabe, die sie dem Opfer stellt, sorgfältig auswählen, damit der Schüler oder die Schülerin nicht in eine Situation gerät, die er oder sie nicht meistern kann. In einem solchen Fall würde das Gegenteil dessen erreicht, was beabsichtigt war.

Ein anderer Zugang könnte darin liegen zu versuchen, eine formlose Zusammenarbeit mit einigen freundlichen und einfallsreichen Schülern und Schülerinnen der Klasse einzurichten, die nicht an Gewalttätigkeiten beteiligt sind. Es ist vorteilhaft, wenn solche «Schlüsselschüler» bereit sind, mit ihrem Handeln auszudrücken, daß sie Gewalt mißbilligen, indem sie zum Beispiel das Opfer bis zu einem gewissen Grade schützen oder indem sie den Mobber «kaltstellen».

Diskussionsgruppen für Eltern gemobbter oder mobbender Schüler und Schülerinnen

Soll Schülern und Schülerinnen mit großen Anpassungsschwierigkeiten und auch ihren Eltern geholfen werden, so wäre zu empfehlen, die Eltern des gemobbten Kindes und die des mobbenden Kindes zur Teilnahme an Diskussionsgruppen einzuladen, die von einem ausgebildeten Therapeuten oder Gruppentrainer geleitet werden. Eltern von Kindern der verschiedenen «Kategorien» – Gewalttäter und Gewaltopfer – sollten jeweils in getrennten Gruppen sein, da ihre Probleme gewöhnlich entgegengesetzter Natur sind. Nachdem die Gruppen eine Zeitlang zusammengekommen sind, könnte es jedoch sinnvoll sein, sie neu zu ordnen und die Eltern des gewalttätigen Kindes und des Gewaltopfers in derselben Gruppe zusammenzuführen. Das kann es den Eltern der einen und der anderen Kategorie erleichtern, die Probleme jeweils aus der Sicht der anderen Seite zu sehen.

Wechsel der Klasse oder der Schule

Aus vielen Gründen ist es wünschenswert, ein erkanntes Gewalttäter-/Gewaltopfer-Problem an «Ort und Stelle» innerhalb der Klasse und der Schule mit den beschriebenen Maßnahmen zu lösen. Aber wenn das Problem trotz wiederholter Lösungsversuche weiter besteht, ist ein Wechsel der Klasse oder der Schule vielleicht die einzige Lösung.

Gibt es in einer Klasse eine unglückliche Kombination von aggressiven Schülern, sollte die Schule nach Beratung mit den Eltern der beteiligten Schüler und Schülerinnen diese Kinder auf verschiedene Klassen verteilen oder möglicherweise sogar auf verschiedene Schulen. Häufig lassen sich durch Aufspaltung einer solchen «Gang» gute Ergebnisse erreichen. Natürlich kann man auch einen aggressiven Schüler oder eine Schülerin mit der Aussicht unter Druck setzen, daß er oder sie versetzt werde, wenn er oder sie nicht mit seinen oder ihren Gewalttätigkeiten aufhört.

Als erste Lösung sollte man ins Auge fassen, die aggressiven Schüler und Schülerinnen und nicht das Opfer zu versetzen. Wenn jedoch eine solche Lösung nicht machbar ist, sollte man auch daran denken, das Opfer in eine andere Klasse oder Schule zu versetzen, wenn man sich von einem solchen Arrangement Erfolg verspricht. Unter allen Umständen sollten Versetzungen sorgfältig geplant und vorbereitet werden, indem sich die betroffenen Lehrkräfte und Eltern miteinander beraten haben. Auf diese Weise wird es eher gelingen, die Sache mit Erfolg zu lösen.

Teil III
Auswirkungen des Interventionsprogramms

Im vorhergehenden Teil des Handbuches habe ich eine ausführliche Darstellung des Interventionsprogramms gegeben, an dessen Entwicklung ich im Zusammenhang mit der «Kampagne gegen Gewalt» in Norwegen beteiligt war. Nachdem die Leser etwas über das Programm gelesen haben, mögen sie mit Recht fragen: Aber ist das Programm wirksam? Senkt es die Zahl der Gewaltprobleme in einer Schule oder Klasse? Wie steht es mit anderen Verhaltensweisen, die mit Gewaltproblemen zusammenhängen können, wie sozialfeindlichem Verhalten, werden sie (auch) durch das Programm beeinflußt? Und wie steht es mit der Zufriedenheit der Schüler und Schülerinnen mit dem Schulalltag, nachdem das Programm durchgeführt wurde; sind die Schüler und Schülerinnen mehr oder weniger zufrieden?

Eine Zeitlang war ich an der Beantwortung dieser und ähnlicher Fragen in einer Evaluation der Auswirkungen des Interventionsprogramms, wie es in 42 Schulen in Bergen angewandt wurde, beteiligt. Wie ich in Teil I erwähnt habe, waren die Befragten dieser Erhebung etwa 2.500 Jungen und Mädchen, die ursprünglich zu 112 Klassen der Klassenstufen 4 bis 7 gehörten (im Alter von 10 bis 15 Jahren). Sie kamen aus 28 Grundschulen und 14 Eingangsklassen weiterführender Schulen. Die erste Maßnahme fand im Mai 1983 statt, etwa vier Monate bevor das Interventionsprogramm in den Schulen eingeführt wurde. Weitere Daten wurden im Mai 1984 und Mai 1985 gesammelt, 8 bzw. 20 Monate nach der ersten Vorstellung des Interventionsprogramms (im frühen Oktober 1983).

Das Interventionsprogramm bestand aus dem Lehrerbuch (des selben Inhalts wie die ersten zwei Teile dieses Buches), einer Elternmappe (Til deg som har barn i skolen, 1983), einer Videokassette und dem Gewalttäter-/Gewaltopfer-Fragebogen. Die Fragebogenerhebung über Umfang und Art des Gewalttäter-/Gewaltopfer-Problems in den einzelnen Schulen sollte als wichtige Grundlage und Ausgangspunkt für aktive Interventionen durch die Schule und die Eltern dienen.

Etwa 15 Monate nachdem das Programm den Schulen vorgestellt worden war, haben wir außerdem in einer zweistündigen Zusammenkunft mit der Lehrerschaft an jede einzelne der 42 an der Erhebung teilnehmenden Schulen (Manger & Olweus, 1985) die bei ihr gewonnenen Informationen zurückgeleitet (feedback). Diese Informationen, die wir aus den Schülerantworten auf den Fragebogen 1983 gewonnen hatten, richteten sich vor allem auf das Ausmaß der Probleme und auf die Reaktionen der sozialen Umgebung (Lehrerschaft, Schülerschaft und Eltern) auf die Probleme in der jeweils untersuchten Schule. Zur gleichen Zeit stellten wir die Hauptgrundsätze des Programms und die wichtigsten Verfahren, die zur Intervention vorgeschlagen wurden, der Lehrerschaft vor und diskutierten sie mit ihr. Da wir aus Erfahrung wußten, daß viele Lehrkräfte etwas verzerrte Ansichten von den Merkmalen gewalttätiger Schüler und Schülerinnen hatten, wurde der Schwerpunkt auf die Diskussion dieses Themas und auf geeignete Methoden, mit gewalttätigem Verhalten umzugehen, gelegt. Schließlich bewerteten Lehrer und Lehrerinnen verschiedene Aspekte des Programms, besonders seine Machbarkeit und potentielle Wirksamkeit. Allgemein wurde dieser Zusatz zum Programm selbst sehr positiv von den Lehrern und Lehrerinnen aufgenommen, wie sie in ihrer Bewertung ausdrückten.

Dies ist nicht der Ort, einen wissenschaftlichen Bericht über die Evaluationsstudie abzugeben. Ich will mich hierauf beschränken, unsere Hauptbefunde und die Schlüsselprinzipien vorzustellen, auf denen das Interventionsprogramm aufbaut. Außerdem will ich zum Verständnis des Programms beitragen, indem ich vier Unterziele spezifiziere, die einige der wichtigsten «Botschaften» des Programms zusammenfassen. Leser, die an den eher wissenschaftlichen Aspekten der Evaluationsstudie interessiert sind, können sich an anderer Stelle informieren (Olweus, 1991, 1992; Olweus & Alsaker, 1991).

Wichtige Erkenntnisse

Die Hauptbefunde der Analysen können wie folgt zusammengefaßt werden:

Ein deutlicher Rückgang des Gewaltproblems – um 50 Prozent oder mehr – wurde in den zwei auf die Einführung des Interventionsprogramms folgenden Jahren festgestellt. Insgesamt wurde diese Abnahme sowohl für «unmittelbare Gewalt» (wo das Opfer ziemlich offenen Angriffen ausgesetzt ist) als auch für «mittelbare Gewalt» (wo das Opfer isoliert und von der Gruppe ausgegrenzt ist, unfreiwillige Einsamkeit) als auch für «Gewalt gegenüber anderen» erreicht. Diese Ergebnisse galten für Jungen und Mädchen und für Schüler und Schülerinnen aller Klassenstufen, die Gegenstand der Erhebung waren (von Klasse 4 bis Klasse 9).

- Die Wirkungen des Interventionsprogramms waren nach zwei Jahren noch deutlicher als nach einem Jahr.
- Es gab keine «Verlagerung» der Gewalt aus der Schule auf den Schulweg. Es gab eine Abnahme oder keine Änderung bezüglich der Gewalttäter-/Gewaltopfer-Probleme auf dem Schulweg.
- Es gab auch eine deutliche Abnahme im allgemeinen gesellschafts-

feindlichen (asozialen) Verhalten wie Vandalismus, Diebstahl, Trunkenheit und Schulschwänzen.

- Es konnte außerdem eine deutliche Verbesserung verschiedener Aspekte des «Sozialklimas» der Klasse verzeichnet werden: bessere Ordnung und Disziplin, positivere soziale Beziehungen und eine positivere Einstellung zu Schularbeiten und zur Schule.
- Das Interventionsprogramm wirkte sich nicht nur auf schon vorhandene Gewaltopfer-Probleme aus; es senkte auch die Zahl (und den Prozentsatz) von neuen Opfern (Olweus, 1989, 1992; Cowen, 1984).
- Gleichzeitig nahm die Zufriedenheit mit dem Schulleben bei den Schülern und Schülerinnen zu.

Kurze Kommentare

Die berichteten Auswirkungen des Interventionsprogramms müssen als sehr positiv erachtet werden, besonders da viele vorausgegangene Versuche, das aggressive und gesellschaftsfeindliche Verhalten bei Präadoleszenten und Jugendlichen systematisch zu reduzieren, eher erfolglos waren (Dumas, 1989; Gottfredson, 1987; Kazdin, 1987).

Die Bedeutung der Ergebnisse wird auch durch die Tatsache unterstrichen, daß ein sehr beunruhigender Anstieg im Vorkommen von Gewalt und anderen gesellschaftsfeindlichen Verhaltensweisen in den meisten industrialisierten Gesellschaften im letzten Jahrzehnt zu beobachten war. In den skandinavischen Ländern zum Beispiel haben verschiedene Formen der Kriminalität bezeichnenderweise seit den 1950er Jahren um 300 bis 500 Prozent zugenommen (und dieser Anstieg kann nicht oder nur zu einem sehr geringen Teil als Folge der geänderten Entdeckungsgefahr erklärt werden).

Wie ich in Teil I des Handbuches gesagt habe, können wir vermuten, daß etwa 80.000 Schüler und Schülerinnen in norwegischen Schulen im Jahr 1983 an Gewaltproblemen beteiligt waren. Auf der Grundlage der berichteten Befunde kann die folgende Schlußfolgerung gezogen werden: *Wenn alle Grundschulen und Eingangsklassen der weiterführenden Schulen in Norwegen das Interventionsprogramm durchführen würden, wie es in Bergen gemacht wurde, würde die Zahl der an Gewalttäter-/Gewaltopfer-Problemen beteiligten Schüler und Schülerinnen in einem relativ kurzen Zeitraum auf 40.000 oder weniger sinken.* Die wirksame Durchführung des Interventionsprogramms würde wahrscheinlich die Disziplin im Klassenzimmer und andere Aspekte des «sozialen Klimas» der Klasse und der Schule fördern. Sehr wahrscheinlich würde es auch zu weniger Vandalismus, Trunkenheit, Diebstahl und anderen gesellschaftsfeindlichen Verhaltensweisen führen, die der Gesellschaft viel Geld sparen würden. Die Einführung dieses Programms würde die Zufriedenheit der Schüler und Schülerinnen erhöhen und das «Sozialklima» in der Klasse und in der Schule verbessern.

Grundprinzipien

Nach dieser Beschreibung des Interventionsprogramms und einiger seiner Auswirkungen ist es jetzt angebracht, kurz die ihm zugrunde liegenden Prinzipien und die größeren Unterziele darzustellen. Dies erfordert, daß einige Informationen, die bereits gegeben wurden, wiederholt werden, jetzt aber aus einem anderen Blickwinkel.

Das Interventionsprogramm ist um *wenige Schlüsselprinzipien herum* aufgebaut, die aus der Forschungsarbeit über die Entwicklung und die Veränderungen problematischer Verhaltensweisen, besonders des aggressiven Verhaltens, abgeleitet sind. Es wird als wichtig angesehen, eine schulische Umgebung (und idealerweise auch ein Zuhause) zu schaffen, die gekennzeichnet ist von Wärme, positiver Anteilnahme und Beteiligung der Erwachsenen auf der einen Seite und festen Grenzen gegenüber unakzeptablen Verhaltensweisen auf der anderen Seite. Bei Grenzüberschreitungen und Regelverletzungen sollten nichtfeindliche, nichtkörperliche Strafen konsequent angewendet werden. In den beiden letzten Grundsätzen ist auch ein gewisser Grad an Überwachung und Aufsicht über die Aktivitäten der Schüler und Schülerinnen innerhalb und außerhalb der Schule gefordert (Patterson, 1986). Schließlich sollten die Erwachsenen zumindest in einiger Hinsicht als glaubwürdige Autorität handeln.

Die ersten drei dieser Grundsätze stehen weitgehend für das Gegenteil der Erziehungspraktiken, die unsere Forschung als erheblich für die Entwicklung aggressiver Reaktionsmuster nachgewiesen hat: Negativismus auf der Seite der ersten Bezugsperson, übergroße Toleranz und das Fehlen klarer Grenzen sowie die Anwendung machtbetonter Methoden. Bezüglich der Rolle der Erwachsenen basiert das Interventionsprogramm auf einem autoritativen (nicht autoritären) Erwachsenen-Kind-Interventionsmodell (vgl. z. B. Baumrind, 1967), das im schulischen Rahmen angewendet wird.

Bei der Durchführung wird mit dem Programm in erster Linie beim vorhandenen sozialen Umfeld angesetzt: Lehrkräfte, Schulen und Schüler sowie Eltern. «Nicht-Fachleute» spielen also eine zentrale Rolle in der gewünschten *Restrukturierung der sozialen Umgebung.* «Fachleute» wie Sozialarbeiter, Schulpsychologen und Experten der Lehrerfortbildung haben eine ergänzende Funktion als Planer und Koordinatoren in der Fortbildung von Lehrkräften und Elterngruppen und bei der Bewältigung schwererer Fälle.

Zusätzliche Merkmale

Ein weitergehendes Verständnis für das Programm läßt sich aus der kurzen Beschreibung der folgenden vier Unterziele gewinnen:

1. *Das Bewußtsein für das Gewalttäter-/Gewaltopfer-Problem zu schaffen, neue Kenntnisse darüber zu gewinnen* und einige damit verbundene Mythen ihres Ursprungs zu enttarnen. Die Verwendung des Gewalttäter-/Gewaltopfer-Fragebogens für eine anonyme Erhebung ist ein wichtiger Schritt zur Gewinnung spezifischerer Erkenntnisse über die Häufigkeit und die Natur des Problems in einer bestimmten Schule.

2. *Die aktive Beteiligung der Lehrerschaft und Eltern zu erreichen.* Die aktive Beteiligung verlangt unter anderem, daß die Erwachsenen erkennen, daß sie verpflichtet sind, bis zu einem gewissen Grade zu kontrollieren, was unter den Kindern und Jugendlichen in der Schule vor sich geht. Ein Weg dazu ist die angemessene Aufsicht während der Pausenzeiten. Außerdem werden die Lehrkräfte ermutigt, in möglichen Gewaltsituationen einzugreifen und den Schülern und Schülerinnen eine *absolut eindeutige Botschaft* zu geben: *Gewalttätigkeit wird in unserer Klasse/Schule nicht akzeptiert.* Den Lehrkräften wird auch sehr angeraten, ernsthafte Gespräche mit den Opfern und den gewalttätigen Kindern und ihren Eltern aufzunehmen, sobald ein Gewaltproblem in der Klasse entdeckt worden ist. Wiederum muß die Grundbotschaft lauten: Wir tolerieren Gewalt in unserer Klasse/Schule nicht und werden dafür sorgen, daß sie aufhört. Eine solche Intervention seitens der Schule muß langfristig überprüft und gut beaufsichtigt werden; sonst kann die Lage sich leicht für das Opfer verschlechtern, bevor eine Intervention stattfindet.

3. *Klare Regeln gegen Gewalt zu entwickeln* wie die auf den Seiten 83–86 erörterten

   - «Wir werden andere Schüler nicht mobben»;
   - «Wir werden versuchen, den Schülern zu helfen, die gemobbt werden»;
   - «Wir werden durchsetzen, daß Schüler, die leicht ausgeschlossen werden, miteinbezogen werden».
   - Eine solche Reihe von Regeln kann auch als Grundlage für Klassendiskussionen über das dienen, was unter gewalttätigem Verhalten in konkreten Situationen verstanden wird, und darüber, welche Arten von Strafen für Schüler und Schülerinnen gelten sollen, die die Regeln brechen. Das Verhalten der Schüler und Schülerinnen in der Klasse sollte kontinuierlich mit diesen Regeln bei Klassengesprächen («soziale Stunde») abgeglichen werden. Es ist wichtig, daß der Lehrer oder die Lehrerin bei Regelverletzungen die Strafen konsequent (in nichtfeindlicher und nichtkörperlicher Form) anwendet, aber auch großzügig Lob austeilt, wenn die Regeln beachtet wurden.

4. *Den Opfern Schutz und Unterstützung gewähren.* Die Klassenregeln gegen Gewalt geben mit Sicherheit Kindern, die leicht Opfer werden, Rückenstärkung, wenn sie eingehalten werden. Außerdem kann der Lehrer oder die Lehrerin die Hilfe von «neutralen» oder gut angepaßten Schülern und Schülerinnen gewinnen, um die Situation des Opfers auf verschiedene Weise zu erleichtern. Lehrkräfte können auch dazu ermutigt werden, ihre Phantasie einzusetzen, um gemobbten Schülern und Schülerinnen zu helfen, sich in der Klasse zu behaupten und sich in den Augen ihrer Klassenkameraden als wertvoll zu erweisen. Die Eltern von Opfern werden ermahnt, ihren Kindern beim Aufbau neuer Kontakte zu Gleichaltrigen zu helfen und sie im einzelnen zu lehren, wie man neue Bekanntschaften schließt und wie man freundschaftliche Beziehungen aufrechterhält.

Teil IV
Weitere praktische Ratschläge und ein Kernprogramm

Die Liste der möglichen Maßnahmen (s. Teil II, S. 65), die in einem Interventionsprogramm gegen Gewalt enthalten sein sollten, ist lang. Auf der Grundlage unserer Forschung und Erfahrung haben wir Hinweise dafür, daß bestimmte Programmbestandteile wichtiger als andere sind, um gute Ergebnisse zu erzielen (z. B. Olweus & Alsker, 1991). Daher will ich im folgenden eine Reihe von möglichen «Kern»-Bestandteilen (Maßnahmen) eines wirksamen Programms zum Kampf gegen das Mobben besonders hervorheben. Die Kennzeichnung eines solchen Maßnahmenbündels bedeutet, daß diese Bestandteile als besonders wichtig erachtet werden und nach unserer Auffassung bei einer Umsetzung des vorliegenden Programms nicht fehlen sollten. Es soll ganz bestimmt nicht heißen, daß die Umsetzung einer oder mehrerer der anderen Maßnahmen, die im Teil II beschrieben sind, nicht nützlich ist. Alle diese Maßnahmen werden als sinnvoll erachtet, und manche können leicht und zu niedrigen Kosten mit den Schlüsselbestandteilen kombiniert werden.

Es sollte auch betont werden, daß die folgende Liste der Kernbestandteile ein Versuch ist. Es ist eine schwierige und mühevolle Aufgabe, genauer herauszufinden, welche Maßnahmen besonders sinnvolle und sogar notwendige Bestandteile des Programms unter unterschiedlichen Bedingungen sein können. Weitere statistische Analysen und praktische Erfahrungen mit dem Programm in verschiedenen Zusammenhängen können zu Ergänzungen und auch zu einigen Änderungen auf der Liste der Kernbestandteile führen. Dessenungeachtet sind die im folgenden vorgestellten Vorschläge der beste Rat, den wir mit unserem gegenwärtigen Wissen geben können. Damit läßt sich eine kurze Liste von «wesentlichen» Bestandteilen aufstellen.

Da die verschiedenen Maßnahmen und Bestandteile, die zu erörtern sind, im einzelnen in Teil II beschrieben sind, wird hier nur kurz auf sie Bezug genommen (+ Seite Literaturreferenzen). Zuerst jedoch werden wir einige praktische Punkte erörtern.

Unterstützung durch die Schulleitung und Bildung einer Koordinierungsgruppe

Wenn Interesse besteht, das Interventionsprogramm in einer bestimmten Schule umzusetzen (nicht auf Initiative des Schulleiters), muß zunächst die Unterstützung der Schulleitung gewonnen werden (und vielleicht anderer Leute in wichtigen Entscheidungspositionen). Kann man diese Unterstützung gewinnen, wird das wahrscheinlich das ganze Unternehmen erheblich erleichtern. Doch selbst wenn die Schulleitung zögert, das Programm an ihrer Schule umzusetzen, ist es oft für einzelne Lehrer und Lehrerinnen immer noch möglich, Teile des Programms in ihrer eigenen Klasse durchzuführen. Es kann auch möglich sein, einige Maßnahmen auf Schulebene (wie die verbesserte Pausenaufsicht) auf dem Wege informeller Absprache unter den interessierten Lehrern und Lehrerinnen durchzuführen. Im folgenden gehe ich davon aus, daß die Schulleitung das Programm unterstützt.

Wenn das Programm umgesetzt werden soll, ist es ratsam, eine kleine Gruppe oder einen Ausschuß einzusetzen, der für die Koordinierung der Umsetzung in den verschiedenen Phasen des Projektes verantwortlich ist. Eine solche Koordinierungsgruppe könnte auch die Aufgabe übernehmen, verschiedene praktische Arrangements durchzuführen (s. unten). Eine wichtige Aufgabe für die Gruppe wäre auch, die Informationen an die betroffenen Zielgruppen über den Fortschritt der Interventionsbestrebungen und über mögliche Probleme «unterwegs» zurück zu übermitteln (feedback). Mitglieder der Gruppe könnten zum Beispiel auch außerschulische Experten und Expertinnen und Vertreter der Lehrkräfte, der Schulkinder und der Eltern sein. Sehr wahrscheinlich würde die Einrichtung einer solchen Gruppe zu einer wirksameren Umsetzung des Programms beitragen und die Kontinuität und Durchsetzung der Bestrebungen zur Bekämpfung der Gewalt gewährleisten.

Bewußtsein und Betroffensein

Wie in Teil II erwähnt, sind Problembewußtsein und aktives Betroffensein der Lehrer und Lehrerinnen und zu einem gewissen Grad auch der Eltern zwei wichtige Voraussetzungen für den Erfolg der Intervention. Eine einfache und meistens wirksame Art und Weise, diese Ziele zu erreichen, ist es, eine anonyme Erhebung unter den Schülern und Schülerinnen mit dem Gewalt-Fragebogen durchzuführen. Wenn die Antworten auf den Fragebögen ausgewertet worden sind, sollten die Befunde an einem Pädagogischen Tag über das Mobben (S.73f.) vorgestellt werden. Am besten werden die Ergebnisse der Erhebung auch den Eltern der Schüler und Schülerinnen bekanntgemacht, zum Beispiel auf einer Schulkonferenz auf der Schulebene (S.74) oder anläßlich von Elternabenden auf der Klassenebene (S.95ff.).

Zusätzlich zu der besonderen Information über verschiedene Aspekte des Gewaltproblems in der Schule wird die Erhebung zusammen mit einer Diskussion über geeignete Gegenmaßnahmen wahrscheinlich die Betroffenheit Erwachsener und einen bestimmten Grad kollektiver Verpflichtung gegenüber dem beschlossenen Programm auslösen. – *Problembewußtsein* und aktives *Betroffensein* der Erwachsenen werden als Kernbestandteile des Programms erachtet.

Obwohl es möglich ist, Problembewußtsein und Betroffenheit auf unterschiedliche Weise zu erzeugen, sind die zu diesem Ziel oben vorgeschlagenen Mittel – eine *anonyme Fragebogen-Erhebung, ein Pädagogischer Tag* und *eine Schulkonferenz* – einfache und meistens wirksame Mittel; sie können auch als Kernbestandteile des Programms erachtet werden.

Wenn gefragt wird, ob alle vorgenannten Bestandteile gleich wichtig sind, würde ich die Schulkonferenz (Eltern–Lehrer) für etwas weniger wichtig halten. Obwohl es gewiß sehr wünschenswert ist, die allgemeine elterliche Unterstützung für das Interventionsprogramm zu gewinnen (und dies ist in den meisten Fällen aufgedeckter Gewaltprobleme in einer bestimmten Klasse erforderlich, siehe unten), so ist doch wahrscheinlich, daß die Schule allein größere positive Veränderungen auch dann erreichen kann, wenn die Eltern nicht direkt beim Programm mitwirken. Daraus folgt, daß die Zusammenarbeit mit den Eltern über das Programm ein eindeutig wünschenswertes Ziel ist, aber es kann nicht unbedingt als Kernbestandteil des Programms erachtet werden.

Angemessene Aufsicht während der Pause und der Essenszeit

Eine sehr wichtige Maßnahme oder ein Bestandteil des Programms auf Schulebene ist die Aufsicht während der Pausen und gegebenenfalls während des Mittagessens. Wir haben gezeigt, daß Gewalt überwiegend während der Pausenzeiten stattfindet und daß Schulen mit einer höheren «Lehrerdichte» während der Pausen ein niedrigeres Gewaltvorkommen haben.

Dementsprechend muß die Gewährleistung *angemessener Aufsicht durch Erwachsene* während der Pausenzeiten und die Einrichtung eines Systems zum Informationsaustausch über Gewaltvorkommnisse als Kernbestandteil des Programms erachtet werden. Die Grundbotschaft an die Schüler und Schülerinnen sollte sein: Wir akzeptieren Gewalt in unserer Schule nicht und werden dafür sorgen, daß sie aufhört.

Klassenregeln und Klassengespräche

Wir gehen jetzt zu Maßnahmen auf der Klassenebene über. Unsere Forschung hat ergeben, daß die Aufstellung von Klassenregeln gegen Gewalt und regelmäßige Klassengespräche mit nachfassenden Diskussionen besonders wichtig sind: Die Klassen, die einen größeren Rückgang von Gewaltproblemen als Folge des Interventionsprogramms zeigten, hatten die Maßnahmen in einem größeren Umfang umgesetzt als Klassen mit kleineren oder gar keinen Veränderungen (Olweus & Alsaker, 1991). Dementsprechend halten wir die Entwicklung von *Klassenregeln* (S. 78) und regelmäßige *Klassengespräche* (S. 83) für Kernbestandteile des Programms. Es sollte angemerkt werden, daß bei den unter die Bezeichnung Klassenregeln fallenden Aktivitäten und Klassengesprächen auch klargestellt werden muß, was mit Mobben gemeint ist, und es müssen gewaltbezogene Normen und die Anwendung angemessener Strafen erörtert werden.

Gespräche mit betroffenen Kindern und ihren Eltern

Auf der persönlichen Ebene sind *ernsthafte Gespräche mit dem Opfer* wie auch mit dem *Gewalttäter* oder der *Gewalttäterin* (S. 93) bei einem aufgedeckten Gewalttäter-/Gewaltopfer-Problem unbedingt notwendig und werden als Kernbestandteil des Programms erachtet. *Ernsthafte Gespräche* sollten auch *mit den Eltern* der beteiligten Schüler und Schülerinnen geführt werden (S. 93). Solche Gespräche werden zusammen mit möglichen Absprachen über die Zusammenarbeit zwischen der Schule und dem Zuhause auch als Kernbestandteil betrachtet, zumindest wenn das Problem ernsthaft ist.

Außerdem ist es wünschenswert, daß sowohl der Lehrer oder die Lehrerin als auch die Eltern ihr Wissen und ihre Phantasie einsetzen, um dem Opfer wie auch dem Gewalttäter oder der -täterin zu helfen, «innerhalb und außerhalb der schulischen Umgebung besser zurechtzukommen».

Obwohl es als sehr wichtig erachtet wird, aus kurzfristiger wie auch aus langfristiger Sicht, diese Ziele zu erreichen, so sind sie doch eher sekundär gegenüber dem Hauptziel des Interventionsprogramms: die bestehenden Gewaltprobleme so weit wie möglich zu vermindern und die Entwicklung neuer Probleme zu verhindern. Dementsprechend erachte ich die Lehrer- und Elternbestrebungen in dieser Hinsicht als äußerst wünschenswert, aber nicht als Kernbestandteile des Programms.

Die vorausgehende Diskussion wurde in der folgenden Übersicht zusammengefaßt. Ein schwarzer Stern (✮), der vor eine Maßnahme gesetzt ist, bedeutet, daß diese als besonders wichtig erachtet wird oder ein «Kernbestandteil» ist, während ein weißer Stern (✰) bedeutet, daß die Maßnahme als «äußerst wünschenswert» erachtet wird.

Übersicht über das Kernprogramm

(✮ Kernbestandteil; ✰ äußerst wünschenswerter Bestandteil)

Allgemeine Voraussetzungen

✮ Problembewußtsein und Betroffensein der Eltern

Maßnahmen auf der Schulebene

✮ Fragebogenerhebung
✮ Pädagogischer Tag
✮ Bessere Aufsicht während der Pause und Essenszeit
✰ Schulkonferenz (Kooperation Lehrkräfte–Eltern)

Maßnahmen auf der Klassenebene

✮ Klassenregeln gegen Gewalt
✮ Klassengespräche

Maßnahmen auf der persönlichen Ebene

✮ Ernsthafte Gespräche mit den gewalttätigen Kindern und Opfern
✮ Ernsthafte Gespräche mit den Eltern der beteiligten Schulkinder
✰ Lehrkräfte und Eltern werden pädagogisch kreativ

Es sollte betont werden, daß dieses Kernprogramm in vieler Hinsicht eine in der englischsprachigen Literatur sogenannte «gesamtschulische

Politik zum Gewaltproblem» ist. Es besteht aus einer Reihe von Routinen, Regeln und Strategien zur Kommunikation und Aktion, um mit bestehenden und zukünftigen Gewaltproblemen in der Schule umzugehen (die Routineregeln usw., die in verschiedenen Ansätzen der Gesamtpolitik der Schule angewandt werden, können indes sehr unterschiedlich sein). Wir sind der Meinung, daß jede einzelne Schule ein Programm wie dieses ständig «auf Lager halten» sollte, nicht nur, um bereits vorhandenen Problemen entgegenzuwirken, sondern auch, und das ist noch wichtiger, um zu verhindern, daß solche Probleme entstehen. Auf diese Weise kann die Schule «die Probleme im Keim erstikken», bevor sie beunruhigende Ausmaße annehmen.

Schlußwort

Ich schließe mit der Bemerkung, daß jetzt eine Menge zuverlässiger Informationen über die Gewaltprobleme in der Schule vorliegen. Wie in diesem Handbuch gezeigt wurde, steht auch eine Reihe von Maßnahmen zur Verfügung, die nach unseren Forschungsergebnissen sehr wirksam zur Bekämpfung und Vorbeugung dieser Probleme eingesetzt werden können[1]. Es läuft also alles auf den Willen und das Engagement der Erwachsenen hinaus, die es in der Hand haben zu entscheiden, wieviel Gewalt in unseren Schulen stattfinden darf.

Die Wirklichkeit, die im ersten Teil dieses Buches beschrieben worden ist, sollte eine echte Herausforderung für Schulpolitiker und für zentrale und örtliche Schulbehörden, die Lehrerschaft, Elternschaft, Schülerschaft und ihre Organisationen sein. Wieweit ist unsere Gesellschaft bereit, diese Wirklichkeit, die für viele Schulkinder schmerzlich ist, zu ändern und in eine positivere Richtung zu lenken?

Wenn man über diese Frage nachdenkt, sollte eines unbedingt klar sein: Man kann den Gewaltproblemen in der Schule nicht länger tatenlos zusehen, indem man mangelndes Wissen als Ausrede benutzt. Und wie in diesem Buch gezeigt wird, kann mit relativ einfachen Mitteln viel erreicht werden!

1 Die jüngste Literatur über Gewalttäter-/Gewaltopfer-Probleme in der Schule enthält reichlich Vorschläge zu Maßnahmen gegen diese Probleme. (Siehe z. B. auch Literaturhinweise S.123–128.)

Literatur

Bandura, A. (1973). *Aggression: A social learning analysis.* Englewood Cliffs, N.J.: Prentice-Hall.

Baumrind, D. (1967). Child care practices anteceding three patterns of preschool behavior. *Genetic Psychology Monographs, 75,* 43–88.

Besag, V. (1989). *Bullies and victims in schools.* Milton Keynes: Open University Press.

Björkqvist, K. Ekman, K., & Lagerspetz, K. (1982). Bullies and victims: Their ego picture,ideal ego picture and normative ego picture. *Scandinavian Journal of Psychology, 23,* 307–313.

Boulton, M.J. & Smith, P.K. (1995). Bully/victim problems among middle school children: Stability, self-perceived competence, and peer acceptance. British Journal of Developmental Psychology.

Cairns, R.B., Cairns, B.D., Neckermann, H.J., Gest, S.D., & Gariépy, J.L. (1988). Social networks and aggressive behavior: Peer support or peer rejection? *Developmental Psychology, 24,* 815–823.

Cowen, E.L. (1984). A general structural model for primary program development in mental health. *Personnel and Guidance Journal, 62,* 485–490.

Dumas, J.E. (1989). Treating antisocial behavior in children: Child and family approaches. *Clinical Psychology Review, 9,* 197–222.

Ekblad, S., & Olweus, D. (1986). Applicability of Olweus' aggression inventory in a sample of Chinese primary schoolchildren. *Aggressive Behavior, 12,* 315–325.

Ekman, K. (1977). *Skolmobbning.* Pro-gradu-arbete. åbo Akademi.

Elliott, M. (Ed.) (1991). *Bullying: A practical guide to coping for schools.* Harlow: Longman.

Emery, R.E. (1982). Interparental conflict and the children of discord and divorce. *Psychological Bulletin, 92,* 310–330.

Eron, L.D., & Huesman, L.R. (1986). The role of television in the development of prosocial and antisocial behavior. In D. Olweus, J. Block, & M. Radke-Yarrow (Eds.), *Development of antisocial and prosocial behavior.* New York: Academic Press.

Farrington, D. (1995). Understanding and preventing bullying. In M. Tonry, & N. Morris (Eds.), *Crime and Justice. Vol. 17.* Chicago; University of Chicago Press.

Glasser, W. (1969). *Schools without failure.* New York: Harper & Row.

Gottfredson, G. D. (1987). Peer group interventions to reduce the risk of delinquent behavior: A selective review and a new evaluation. *Criminology, 25,* 187–203.

Haeselager, G. J. T. & van Lieshout, C. F. M. (1992). *Social and affective adjustment of self- and peer-reported victims and bullies.* Paper presented at the European Conference on Developmental Psychology. Seville, Spain.

Heinemann, P. P. (1972). *Mobbning – gruppvåld bland barn och vuxna.* Stockholm: Natur och Kultur.

Hirano, K. (1992). *Bullying and victimization in Japanese classrooms.* Paper presented at the European Conference on Developmental Psychology. Seville, Spain.

Johnson, D. W., Johnson, R. T., & Maruyama, G. (1983). Interdependence and interpersonal attraction among heterogeneous and homogeneous individuals: A theoretical formulation and a meta-analysis of the research. *Review of Educational Research, 52,* 5–54.

Johnson, D. W., Johnson, R. T., Holubec Johnson, E., & Roy, P. (1984). *Circles of learning.* Virginia: ASCD.

Junger, M. (1990). Intergroup bullying and racial harassment in the Netherlands. *Sociology and Social Research, 74,* 65–72.

Kazdin, A. E. (1987). Treatment of antisocial behavior in children: Current status and future directions. *Psychological Bulletin, 102,* 187–203.

Lagerspetz, K. M., Björkqvist, K., Berts, M., & King, E. (1982). Group aggression among school children in three schools. *Scandinavian Journal of Psychology, 23,* 45–52.

Loeber, R., & Dishion, T. (1983). Early predictors of male delinquency: A review. *Psychological Bulletin, 94,* 69–99.

Loeber, R. & Stouthamer-Loeber, M. (1986). Family factors as correlates and predictors of conduct problems and juvenile delinquency. In M. Tonry & N. Morris (Eds.), *Crime and Justice*, Vol. 7. Chicago: University of Chicago Press.

Maccoby, E. E. (1986). Social groupings in childhood: Their relationships to prosocial and antisocial behavior in boys and girls. In D. Olweus, J. Block, & M. Radke-Yarrow (Eds.), *Development of antisocial and prosocial behavior.* New York: Academic Press.

Maccoby, E. E., & Jacklin, C. N. (1974). *The psychology of sex differences.* Stanford, Calif.: Stanford University Press.

Maccoby, E. E., & Jacklin, C. N. (1980). Sex differences in aggression. A rejoinder and reprise. *Child Development, 51,* 964–980.

Magnusson, D., Stattin, H., & Dunér, A. (1983). Aggression and criminality in a longitudinal perspective. In K. T. Van Dusen, & S. A. Mednick (Eds.), *Prospective studies of crime and delinquency.* Boston: Kluwer-Nijhoff.

Manger, T, & Olweus, D. (1985). Tilbakemelding til skulane. *Norsk Skoleblad* (Oslo, Norway), No. 35, 20–22.

Mykletun, R. J. (1979). *Plaging i skolen.* Stavanger: Rogalandsforskning.

Nissen, P. (1979). *Involveringspedagogikk.* Copenhagen: Gyldendal.

Olweus, D. (1973 a). *Hackkycklingar och översittare. Forskning on skolmobbning.* Stockholm: Almqvist & Wicksell.

Olweus, D. (1973 b). Personality and aggression. In J. K. Cole, & D. D. Jensen (Eds.), *Nebraska Symposium on Motivation 1972.* Lincoln: University of Nebraska Press.

Olweus, D. (1977). Aggression and peer acceptance in adolescent boys: Two short-term longitudinal studies of ratings. *Child Development, 48,* 1301–1313.

Olweus, D. (1978). *Aggression in the schools. Bullies and whipping boys.* Washington, DC: Hemisphere Press (Wiley).

Olweus, D. (1979). Stability of aggressive reaction patterns in males: A review. *Psychological Bulletin, 86,* 852–875.

Olweus, D. (1980). Familial and temperamental determinants of aggressive behavior in adolescent boys: A causal analysis. *Developmental Psychology, 16,* 644–660.

Olweus, D. (1981). Bullying among school-boys. In N. Cantwell (Ed.), *Children and violence.* Stockholm: Akademilitteratur.

Olweus, D. (1983). Low school achievement and aggressive behavior in adolescent boys. In D. Magnusson, & V. Allen (Eds.), *Human development. An interactional perspective.* New York: Academic Press.

Olweus, D. (1984 a). Aggressors and their victims: Bullying at school. In N. Frude, & H. Gault (Eds.), *Disruptive behavior in schools.* New York: Wiley.

Olweus, D. (1984 b). Development of stable aggressive reaction patterns in males. In R. Blanchard, & C. Blanchard (Eds.), *Advances in the study of aggression. Vol. 1.* New York: Academic Press.

Olweus, D. (1985 a). *Undersökning om mobbning bland 17.000 svenska elever.* Mimeo.

Olweus, D. (1985 b). 80.000 barn er innblandet i mobbing. *Norsk Skoleblad* (Oslo, Norway), No. 2, 18–23.

Olweus, D. (1986). *Mobbning – vad vi wet och vat vi kan göra.* Stockholm: Liber.

Olweus, D. (1989). Prevalence and incidence in the study of antisocial behavior: Definitions and measurement. In M. Klein (Ed.), *Cross-national research in self-reported crime and delinquency.* Dordrecht, The Netherlands: Kluwer.

Olweus, D. (1991). Bully/victim problems among schoolchildren: Basic facts and effects of a school based intervention program. In D. Pepler, & K. Rubin (Eds.), *The development and treatment of childhood aggression.* Hillsdale, NJ: Erlbaum.

Olweus, D. (1992). Bullying among schoolchildren: Intervention and prevention. In R. D. Peters, R. J. McMahon, & V. L. Quincy (Eds.), *Aggression and violence throughout the life span.*

Olweus, D. (1993). Victimization by peers: Antecedents and long-term outcomes. In K. H. Rubin, & J. B. Asendorf (Eds.), *Social withdrawl, inhibition, and shyness in childhood.* Hillsdale, NJ: Erlbaum.

Olweus, D. (unveröffentlicht a). Unpublished data on grades from Greater Stockholm study.

Olweus, D. (unveröffentlicht b). Unpublished interview data from Greater Stockholm study.

Olweus, D. (unveröffentlicht c). Unpublished peer rating data from Greater Stockholm study. (The product-moment correlations between peer ratings of physical strength and popularity were in the 40–50 range in different samples.)

Olweus, D., & Alsaker, F. D. (1991). Assessing change in a cohort longitudinal study with hierarchical data. In D. Magnusson, L. Bergman, G. Rudinger, & B. Törestad (Eds.), *Matching problems and methods in longitudinal research.* New York: Cambridge University Press.

O'Moore, M., & Brendan, H. (1989). Bullying in Dublin schools. *Irish Journal of Psychology, 10,* 426–441.

Patterson, G. R. (1982). *Coercive family process.* Eugene, Oregon: Castalia Publishing Co.

Patterson, G. R. (1986). Performance models for antisocial boys. *American Psychologist, 41,* 432–444.

Patterson, G. R., Littman, R. A. & Bricker, W. (1967). Assertive behavior in children. A step toward a theory of aggression. *Monographs of the Society for Research in Child Development, 32* (5), 1–43.

Patterson, G. R., Reid, J. B., Jones, R. R., & Conger, R. E. (1975). *A social learning approach to family intervention (Vol. 1): Families with aggressive children.* Eugene, Oregon: Castalia Publishing Co.

Patterson, G. R. & Stouthamer-Loeber, M. (1984). The correlation of family management practices and delinquency. *Child Development, 55,* 1299–1307.

Pearl, D., Bouthilet, L., & Lazar, J. (Eds.) (1982). *Television and behavior. Vol. 2.* Washington, DC: US Government. Printing Office.

Perry, D. G., Kusel, S. J., & Perry, L. C. (1988). Victims of peer aggression. *Development Psychology, 24,* 807–814.

Pikas, A. (1965). *Så stopper vi mobbning.* Stockholm: Prisma.

Pulkkinen, L., & Tremblay, R. E. (1992). Patterns of boys' social adjustment in two cultures and at different ages: a longitudinal perspective. *International Journal of Behavioral Development, 15,* 527–553.

Raundalen, T. S., & Raundalen, M. (1979). *Er du på vår side?* Oslo: Universitetsforlaget.

Rigby, K., & Slee, P. (1991). Victims in school communities. *Journal of the Australian Society of Victimology,* 25–31.

Robins, L. N. (1978). Study predictors of adult antisocial behavior: Replication from longitudinal studies. *Psychological Medicine, 8,* 611–622.

Roland, E. (1980). *Terror i skolen.* Stavanger: Rogalandsforskning.

Roland, E. (1983). *Strategi mot mobbning.* Oslo: Universitetsforlaget.

Ruiz, R. O. (1992, September). *Violence in schools. Problems of bullying and victimization in Spain.* Paper presented at the European Conference on Developmental Psychology, Seville, Spain.

Rutter, M. (1983). School effects on pupil progress: Research findings and policy implications. *Child Development, 54,* 1–19.

Schwartz, D., Dodge, K., & Coie, J. (1995). The emergence of chronic peer victimization in boys' play groups. *Child Development.*

Skinner, A. (1992). *Bullying: An annotated bibliography of literature and resources.* Leicester: Youth Work Press.

Slavin, R. E. (1983). *Student team learning.* Washington, DC: National Education Association.

Smith, P. (1989). *The silent nightmare: Bullying and victimization in school peer groups.* Paper presented at the meeting of the British Psychological Society, London, England.

Smith, P. K., & Thompson, D. (Eds.) (1991). *Practical approaches to bullying.* London: David Fulton.

Strain, P. S. (Ed.) (1981). *The utilization of classroom peers as behavior change agents.* New York: Plenum.

Til deg som har barn i skolen (1983). Foreldrebrosjyre (Parent folder). Kirke- og undervisningsdepartementet.

Walker, H. M., Hops, H., & Fliegenbaum, E. (1976). Deviant classroom behavior as a function of combinations of social and token reinforcement and cost contingency. *Behavior Therapy, 7,* 76–88.

Whitney, I., & Smith, P. K. (in press). A survey of the nature and extent of bullying in Junior/Middle and secondary schools. *Educational Research,* 35, *3*–25.

Ziegler, S., & Rosenstein-Manner, M. (1991). *Bullying at school: Toronto in an international context* (Report No. 196). Toronto: Toronto Board of Education, Research Services.

Ergänzend zu der Original-Literaturliste des Verfassers (Olweus) werden noch Literaturhinweise auf aktuelle deutsche Veröffentlichungen zum Thema gegeben:

Büttner, C. (1990). *Video-Horror: Schule und Gewalt.* Weinheim, Basel: Beltz.

Creighton, A. & Kivel, P. (Hrsg.) (1993). *Die Gewalt stoppen – ein Praxisbuch für die Arbeit mit Jugendlichen, Schule und Elternhaus.* Mülheim: Verlag an der Ruhr.

Cube, F. von (1988). *Besiege deinen Nächsten wie dich selbst. Aggression im Alltag.* München: Piper.

Dreikurs. R. u. a. (1989). *Lehrer und Schüler lösen Disziplinprobleme.* Weinheim: Beltz.

Engel, U. & Hurrelmann, K. (1993). *Was Jugendliche wagen.* Weinheim: Juventa.

Feltes, Th. (1990). Gewalt in der Schule. In Schwind, H.-D., Baumann, J. u.a. (Hrsg.) Ursachen, Prävention und Kontrolle von Gewalt. Berlin: Beltz.

Freie und Hansestadt Hamburg (Hrsg.) (1992). *Gewalt von Kindern und Jugendlichen in Hamburg.* Hamburg.

George, S., Bihler-Kloke, M. & Kloke, M. (1988). *Prügel, Schläge und Randale – Aggression und Destruktion in der Schule.* Dortmund.

Heitmeyer, W. (1992). *Die Bielefelder Rechtsextremismus-Studie. Erste Langzeituntersuchung zur politischen Sozialisation männlicher Jugendlicher.* Weinheim, München: Juventa.

Heitmeyer, W. (1989). *Jugend – Staat – Gewalt.* Weinheim, München: Juventa.

Heitmeyer, W. u. a. (Hrsg.) (1990). *Individualisierung von Jugend.* Weinheim, München: Juventa.

Hurrelmann, K. (1991). Wie kommt es zu Gewalt in der Schule und was können wir dagegen tun? *Kind, Jugend und Gesellschaft, 36,* 103–108.

Jäger, U. (1993). *Rechtsextremismus und Gewalt – Materialien, Methoden, Arbeitshilfen.* Tübingen: Verein für Friedenspädagogik.

Klockhaus, R. & Habermann-Morbey, B. (1986). *Psychologie des Schulvandalismus.* Göttingen: Hogrefe.

Korte, J. (1992). *Faustrecht auf dem Schulhof. Über den Umgang mit aggressivem Verhalten in der Schule.* Weinheim: Beltz.

Landesinstitut für Schule und Weiterbildung (Hrsg.) (1993): *Aktuelle Gewaltentwicklung in der Gesellschaft – Vorschläge zur Gewaltprävention in der Schule.* Soest.

Luca, R., Lukesch, H. u. a. (1992). Horror- und Gewaltvideos. Pädagogische Beiträge. *Pädagogik, 11.*

Ministerin für Bildung, Wissenschaft, Kultur und Sport des Landes Schleswig-Holstein (Hrsg.) (1993). *Gewalt an Schulen in Schleswig-Holstein.* Kiel.

Neubauer, W. F. u. a. (1992). Konflikte in der Schule. Möglichkeiten und Grenzen kooperativer Entscheidungsfindung. Neuwied: Luchterhand.

Neukäter, H. (Hrsg.) (1991). *Verhaltensstörungen verhindern – Prävention als pädagogische Aufgabe.* Oldenburg: BIS.

Nolting, H.-P. (1987). *Lernfall Aggression. Wie sie entsteht – wie sie zu vermindern ist. Ein Überblick mit Praxisschwerpunkt Alltag und Erziehung.* Reinbek: Rowohlt.

Pädagogik: Gewalt in der Schule. Themenheft, 45. Jg., H. 3.

Pädagogisches Zentrum Berlin (Hrsg.) (1992). *Konfliktbehandlung im Klassenzimmer* (Heft 13). Berlin.

Petermann, F. & Petermann, U. (1984). *Training mit aggressiven Kindern. Einzeltraining, Kindergruppen, Elternberatung.* München: Psychologie Verlags Union.

Posselt, R. & Schumacher, K. (Hrsg.) (1992). *Projekthandbuch: Gewalt und Rassismus.* Mülheim: Verlag an der Ruhr.

Preuschoff, G. & Preuschoff, A. (1992). *Gewalt an Schulen – und was dagegen zu tun ist.* Köln: Papyrossa.

Schnack, D. & Neutzling, R. (1990). *Kleine Helden in Not. Jungen auf der Suche nach Männlichkeit.* Reinbek: Rowohlt.

Schwind, H.-D., Baumann, J. u. a. (Hrsg.) (1990). *Ursachen, Prävention und Kontrolle von Gewalt. Band I: Endgutachten und Zwischengutachten der Arbeitsgruppen.* Berlin: Duncker & Humblot.

Schwind, H.-D., Baumann, J. u. a. (Hrsg.) (1990). *Ursachen, Prävention und Kontrolle von Gewalt. Band III: Sondergutachten.* Berlin: Duncker & Humblot.

Singer, K. (1988). *Lehrer-Schüler-Konflikte gewaltfrei regeln.* Weinheim: Beltz.

Spreiter, M. (Hrsg.) (1993). *Gewalt an Schulen.* Weinheim: Beltz.

Tennstädt, K.-C. u. a. (1991). *Das Konstanzer Trainingsmodell (KTM). Ein integratives Selbsthilfeprogramm für Lehrkräfte zur Bewältigung von Aggressionen und Störungen im Unterricht. Band 1: Trainingshandbuch* (2. Aufl.). Bern: Hans Huber.

Walker, J. (1991). *Gewaltfreie Konfliktlösung im Klassenzimmer.* Pädagogisches Zentrum (Hrsg.). Berlin.

Winkel, R. (1993). *Der gestörte Unterricht.* Bochum: Kamp.